TUZLANABİLEN, KIZARTILABİLEN VE YENEBİLEN TURŞULAR İÇİN 100 TARİF

Nihai Turşu Tarifi Koleksiyonu

YUNUS EMRE KURT

Telif Hakkı Malzemesi ©2024

Her hakkı saklıdır

, incelemede kullanılan kısa alıntılar dışında, yayıncının ve telif hakkı sahibinin uygun yazılı izni olmadan hiçbir biçimde veya yöntemle kullanılamaz veya aktarılamaz . Bu kitap tıbbi, hukuki veya diğer profesyonel tavsiyelerin yerine geçmemelidir.

İÇİNDEKİLER

- İÇİNDEKİLER 3
- GİRİİŞ 6
- **MEYVE TURŞUSU** 7
  1. Baharatlı İncir Turşusu 8
  2. Pancar Turşusu 10
  3. Karışık Meyve Turşusu 12
  4. Baharatlı Elma Yüzükleri 14
  5. Kavun Turşusu 16
  6. Mango Turşusu 18
  7. Tatlı ve Baharatlı Ananas Turşusu 20
  8. Zencefilli Armut Turşusu 22
  9. Kızılcık Portakal Turşusu 24
  10. Kivi Jalapeno Turşusu 26
  11. Erik ve Zencefil Turşusu 28
  12. Tropikal Meyve Karışık Turşu 30
  13. Ahududu Balzamik Turşu 32
  14. Narenciye Zencefil Turşusu 34
  15. Ballı-Limonlu Mango Turşusu 36
  16. Kiraz Badem Turşusu 38
  17. Limonlu Fesleğen Turşusu 40
  18. Guava Biber Turşusu 42
  19. Yaban Mersini Nane Turşusu 44
  20. Yıldız Meyvesi Zencefil Turşusu 46
  21. Baharatlı Portakal Turşusu 48
  22. Tatlı ve Keskin Pancar Turşusu 50
- **SEBZE TURŞULARI** 52
  23. Dereotu Turşu 53
  24. Ekmek ve Tereyağlı Turşu 56
  25. Taze Paket Dereotu Turşusu 58
  26. Kabak-Ananas Turşusu 60
  27. Tatlı Kornişon Turşu 62
  28. On Dört Günlük Tatlı Turşu 64
  29. Hızlı Tatlı Turşu 66
  30. Kuşkonmaz Turşusu 68
  31. Turşu Dereotu Fasulye 70
  32. Üç Fasulye Turşusu Salatası 72
  33. Havuç Turşusu 74
  34. Karnabahar Turşusu / Brüksel 76
  35. Chayote ve Jicama Turşusu 78
  36. Ekmek ve Tereyağı Turşusu Jicama 80

37. Marine Edilmiş Bütün Mantarlar 82
38. Turşu Dereotu Bamya 84
39. İnci Soğan Turşusu 86
40. Limon ve Kekik Turşusu Biber 88
41. Biber Turşusu 90
42. Acı Biber Turşusu 92
43. Jalapeno Biber Turşusu Halkaları 94
44. Sarı Biber Turşusu 96
45. Turşu Tatlı Yeşil Domates 98
46. Ekmek ve Tereyağlı Kabak Turşusu 100
47. Tatlı Turşu Salatalık 102
48. Dilimlenmiş Dereotu Turşusu 104
49. Dilimlenmiş Tatlı Turşu 106

KARIŞIK SEBZE TURŞULARI 108
50. Piccalilli 109
51. Turşu Karışık Sebze 111
52. Giardiniera 113
53. Tatlı ve Baharatlı Karışık Turşu 115
54. Akdeniz Turşusu Sebzeleri 117
55. Keskin Asya Turşusu Sebzeleri 119
56. Hint Karışık Turşusu (Achaar) 121

BİR ÇEŞİT YÖRESEL KORE YEMEĞİ 123
57. Napa Lahana Kimçisi 124
58. Çin Lahanası ve Bok Choy Kımchı 126
59. Çin Kimçisi 129
60. Beyaz Kimçi 131
61. Turp Kimchi 133
62. Salatalıklı Hızlı Kimchi 136
63. Vegan Kimçi 138
64. Baechu Kimchi (Bütün Lahana Kimchi) 140
65. Salatalık Kimchi/Oi-Sobagı 142
66. Beyaz Turp Kımchi/ Kkakdugi 145
67. Chive Kimchi/Pa-Kımchi 148

LÂHANA TURŞUSU 150
68. Temel Lahana turşusu 151
69. Baharatlı Lahana Turşusu 153
70. Baharatlı Asya Lahana Turşusu 155
71. Elma Sirkesi Lahana Turşusu 157
72. Dereotu ve Sarımsak Turşusu Lahana 159
73. Elma ve Havuç Lahana turşusu 161
74. Zencefil ve Zerdeçal Lahana Turşusu 163
75. Jalapeño ve Sarımsak Lahana Turşusu 165
76. Pancar ve Lahana Lahana Turşusu 167

77. Ananaslı Jalapeño Lahana Turşusu ... 169
78. Köri Kraut ... 171
79. Portakal ve Biberiye Lahana Turşusu ... 173
80. Dereotu Turşusu Lahana Turşusu ... 175
81. Dumanlı Biber Lahana Turşusu ... 177

TURŞU HATLAR VE LEZZETLER ... 179

82. Chayote P kulak Relish ... 180
83. Keskin Tomatillo Relish ... 182
84. Yeşil Domates Turşusu ... 184
85. Mango Zencefilli Salsa ... 186
86. Turşu Lezzeti ... 188
87. Tomatillo ve Avokado Lezzeti ... 190
88. Biber-Soğan Turşusu ... 192
89. Turşu Mısır Lezzeti ... 194
90. Baharatlı Jicama Lezzeti ... 196
91. Yeşil Domates Turşusu ... 198
92. Biber-Soğan Turşusu ... 200
93. Baharatlı Şeftali Elma Salsa ... 202
94. Baharatlı Tarçınlı Jicama Lezzeti ... 204
95. Kızılcık Portakal Turşusu ... 206
96. Mango Chutney ... 208
97. Zencefilli Kızılcık Portakal Lezzeti ... 210
98. İncir Turşusu ve Kırmızı Soğan Chutney ... 212
99. Közlenmiş Kırmızı Biber ve Ceviz Lezzeti ... 214
100. Ananas Nane Chutney ... 216

ÇÖZÜM ... 218

GİRİİŞ

Damak tadınızı yükseltecek ve sıradan malzemeleri olağanüstü ikramlara dönüştürecek en üst düzey turşu tarifi koleksiyonu olan "Tuzlanabilen, kızartılabilen ve yenebilen turşular için 100 tarif" ile keskin, çıtır ve lezzetli lezzetlerin dünyasına dalın. Bu yemek kitabı, salamura suyunun ve zamanın simyasının meyveleri, sebzeleri ve daha fazlasını karşı konulmaz, lezzetli yaratımlara dönüştürdüğü turşu sanatı konusunda rehberinizdir. Titizlikle hazırlanmış 100 tarifle turşu lezzetlerinin çok yönlülüğünü ve lezzetini sergileyen bir mutfak macerasına atılmaya hazır olun.

Her biri benzersiz bir baharat, şifalı bitki ve turşu büyüsü karışımı içeren, canlı tonlarla kaplı kavanozlar hayal edin. "Turşu" sadece bir yemek tarifleri koleksiyonu değildir; bu, lezzetleri koruma, zenginleştirme ve yemeklerinize lezzetli bir tat katmanın asırlık geleneğinin bir kutlamasıdır. İster deneyimli bir turşucu olun , ister meraklı bir acemi olun, bu tarifler mutfakta yaratıcılığa ilham vermek ve her keskin lokmada damak tadınızı memnun etmek için tasarlandı.

Klasik dereotu turşularından yenilikçi salamura meyvelere, çıtır çıtır kızartılmış turşulardan ağız sulandıran turşu eşliklerine kadar bu koleksiyon, tüm turşu olanaklarını kapsar. İster yaz barbeküsüne ev sahipliği yapıyor olun, ister göz alıcı bir şarküteri panosu oluşturuyor olun, ya da sadece günlük öğünlerinize pizza lezzeti katmak istiyor olun, "Turşu", turşu ustalığı için başvurulacak kaynağınızdır.

Salamuranın dönüştürücü gücünü, tatları dengeleme sanatını ve mutfak repertuarınızın yıldızları haline gelecek salamura şaheserler yaratmanın keyfini keşfederken bize katılın. O halde kavanozlarınızı alın, kollarınızı sıvayın ve "Tuzlanabilen, kızartılabilen ve yenebilen turşular için 100 tarif" ile turşu dünyasına dalalım.

MEYVE TURŞUSU

1. Baharatlı İncir Turşusu

İÇİNDEKİLER:
- 2 su bardağı taze incir, ikiye bölünmüş
- 1/2 bardak balzamik sirke
- 1/4 bardak bal
- 1 çay kaşığı hardal tohumu
- 1/2 çay kaşığı karabiber
- 1/2 çay kaşığı tarçın
- Bir tutam tuz

TALİMATLAR:
a) Bir tencerede balzamik sirke, bal, hardal tohumu, karabiber, tarçın ve bir tutam tuzu birleştirin. Karışım hafifçe koyulaşana kadar pişirin.
b) Yarım doğranmış incirleri tencereye ekleyin ve incirler yumuşayıncaya kadar pişirin.
c) Baharatlı incir turşusunu temiz kavanozlara aktarmadan önce soğumasını bekleyin. Mühürleyin ve soğutun.
ç) Bu turşu salatalara harika bir ektir veya kavrulmuş etlerin yanında servis edilebilir.

2.pancar turşusu

İÇİNDEKİLER:

- 7 lbs. pancar
- 4 bardak %5 sirke
- 1-2 çay kaşığı dekapaj tuzu
- 2 su bardağı şeker
- 2 bardak su
- 2 tarçın çubuğu
- 12 bütün karanfil
- 4 soğan, soyulmuş ve ince dilimlenmiş

TALİMATLAR:

a) Aşçı pancarlar yumuşayana kadar, yaklaşık 25 dakika.
b) Serin pancar ve derilerin kayması. Pancarları dilimleyin.
c) Sirke, tuz, şeker ve tatlı suyu birleştirin.
ç) Baharatları tülbent torbaya bağlayın ve karışıma ekleyin.
d) Pancar ve soğan ekleyin. 5 dakika kaynatın.
e) Baharat torbasını çıkarın.
f) Sıcak kavanozları pancar ve soğanla doldurun ve 1/2 inçlik boşluk bırakın.
g) 1/2 inçlik alan bırakarak sıcak sirke çözeltisi ekleyin.
ğ) Hava kabarcıklarını serbest bırakın.
h) Kavanozları sıkıca kapatın, ardından su banyosunda 5 dakika ısıtın.

3.Karışık Meyve Turşusu

İÇİNDEKİLER:
- 3 lbs. şeftaliler
- 3 lbs. Armut , soyulmuş , ikiye bölünmüş , çekirdeği d ve küp şeklinde
- 1 1/2 lb. olgunlaşmamış çekirdeksiz yeşil üzüm
- 10 oz kavanoz maraschino kirazı
- 3 su bardağı şeker
- 4 bardak su

TALİMATLAR:
a) Üzümleri askorbik asit çözeltisine batırın .
b) Şeftali daldırma Derileri gevşetmek için kaynar suda 1 dakika bekletin.
c) Derileri soyun . Yarıdan kes, küp şeklinde doğrayın ve üzümlerle birlikte solüsyonda tutun.
ç) Armut ekleyin .
d) Karışık meyveleri boşaltın.
e) Şeker ve suyu bir tencerede kaynatın . Her sıcak kavanoza 1/2 bardak sıcak şurup ekleyin
f) Daha sonra birkaç kiraz ekleyin ve kavanozu yavaşça karışık meyve ve daha fazla sıcak şurupla doldurun.
g) 1/2-inç boşluk bırakın .
ğ) Hava kabarcıklarını serbest bırakın.
h) Kavanozları sıkıca kapatın, ardından su banyosunda 5 dakika ısıtın.

4. Baharatlı Elma Yüzükleri

İÇİNDEKİLER:

- 12 lbs. sert ekşi elmalar , yıkanmış, dilimlenmiş , ve çekirdek d
- 12 su bardağı şeker
- 6 bardak su
- 1/4 bardak %5 beyaz sirke
- 8 çubuk tarçın
- 3 yemek kaşığı bütün karanfil
- 1 çay kaşığı kırmızı gıda boyası

TALİMATLAR:

a) daldım askorbik asit çözeltisindeki elmalar .
b) Şekeri, suyu, sirkeyi, karanfilleri, tarçınlı şekerleri, çubukları ve gıda boyasını birleştirin .
c) Karıştırmak ve 3 dakika kaynatın.
ç) Elmaları boşaltın, sıcak şuruba ekleyin ve 5 dakika pişirin.
d) Sıcak kavanozları elma halkaları ve sıcak aromalı şurupla doldurun ve 1/2 inçlik boşluk bırakın .
e) Hava kabarcıklarını serbest bırakın.
f) Kavanozları sıkıca kapatın, ardından su banyosunda 5 dakika ısıtın.

5.Kavun Turşusu

İÇİNDEKİLER:

- 5 lbs. 1 inçlik kavun küplerinden
- 1 çay kaşığı ezilmiş kırmızı biber gevreği
- 2 tarçın çubuğu
- 2 çay kaşığı öğütülmüş karanfil
- 1 çay kaşığı öğütülmüş zencefil
- 4 1/2 bardak elma şarabı %5 sirke
- 2 bardak su
- 1 1/2 su bardağı beyaz şeker
- 1 1/2 su bardağı kahverengi şeker

TALİMATLAR:
BİRİNCİ GÜN:
a) Kavun, biber gevreği, tarçın çubukları, karanfil ve zencefili bir baharat torbasına koyun.
b) Sirke ve suyu bir tencerede birleştirin. Kaynamaya getirin.
c) Baharat torbasını ekleyin ve ara sıra hareket ederek 5 dakika demleyin.
ç) Kasedeki kavun parçalarını üzerine dökün.
d) Gece boyunca buzdolabında bekletin.

İKİNCİ GÜN:
e) Sirke solüsyonumuzu bir tencereye dökün ; buharlı bir kaynamaya getirin.
f) Şekeri ve kavunu ekleyip tekrar kaynatın.
g) Yaklaşık 1 ila 1/4 saat kadar bekleyin . Bir kenara koyun.
ğ) 5 dakika daha kaynatın.
h) ekleyin ve tekrar kaynatın.
ı) Kepçe parçasını 1 inçlik boşluk bırakarak sıcak kavanozlara koyun.
i) üstüne dökün ve 1/2 inçlik boşluk bırakın.
j) Hava kabarcıklarını serbest bırakın.
k) Kavanozları sıkıca kapatın, ardından su banyosunda 5 dakika ısıtın.

6.Mango Turşusu

İÇİNDEKİLER:
- 2 bardak çiğ mango, soyulmuş ve doğranmış
- 1/2 su bardağı hardal yağı
- 1 yemek kaşığı hardal tohumu
- 1 çay kaşığı çemen otu tohumu
- 1 çay kaşığı rezene tohumu
- 1 çay kaşığı zerdeçal
- 1 yemek kaşığı kırmızı toz biber
- 1 yemek kaşığı tuz
- 1 yemek kaşığı jaggery (tatlılık için isteğe bağlı)

TALİMATLAR:
a) Hardal yağını duman çıkana kadar ısıtın, ardından hafifçe soğumasını bekleyin.

b) Bir tavada hardal tohumlarını, çemen otu tohumlarını ve rezene tohumlarını kokusu çıkana kadar kavurun. Bunları kaba bir toz haline getirin.

c) Öğütülmüş baharat tozunu zerdeçal, kırmızı biber tozu, tuz ve jaggery ile karıştırın.

ç) Bir kasede doğranmış çiğ mangoyu baharat karışımıyla birleştirin.

d) Hafifçe soğutulmuş hardal yağını mango karışımının üzerine dökün ve iyice karıştırın.

e) Mango turşusunu temiz kavanozlara aktarın, sıkıca kapatın ve servis yapmadan önce birkaç gün olgunlaşmasını bekleyin.

7.Tatlı ve Baharatlı Ananas Turşusu

İÇİNDEKİLER:
- 2 bardak ananas, doğranmış
- 1/2 su bardağı beyaz sirke
- 1/2 su bardağı şeker
- 1 çay kaşığı hardal tohumu
- 1 çay kaşığı rezene tohumu
- 1 çay kaşığı kırmızı pul biber
- 1/2 çay kaşığı zerdeçal
- 1/2 çay kaşığı siyah tuz

TALİMATLAR:
a) Bir tencerede beyaz sirke, şeker, hardal tohumu, rezene tohumu, kırmızı pul biber, zerdeçal ve siyah tuzu birleştirin. Şeker eriyene kadar ısıtın.

b) Doğranmış ananasları tencereye ekleyin ve ananaslar hafifçe yumuşayana kadar pişirin.

c) Tatlı ve baharatlı ananas turşusunu temiz kavanozlara aktarmadan önce soğumasını bekleyin. Mühürleyin ve soğutun.

ç) Bu turşu, ızgara etlerin yanında lezzetli bir eşlikçidir veya tek başına da tüketilebilir.

8.Zencefilli Armut Turşusu

İÇİNDEKİLER:
- 2 su bardağı armut, soyulmuş ve dilimlenmiş
- 1/2 su bardağı elma sirkesi
- 1/2 bardak bal
- 1 yemek kaşığı taze zencefil, rendelenmiş
- 1 çay kaşığı hardal tohumu
- 1/2 çay kaşığı tarçın
- 1/2 çay kaşığı karanfil
- Bir tutam tuz

TALİMATLAR:
a) Bir tencerede elma sirkesi, bal, rendelenmiş zencefil, hardal tohumu, tarçın, karanfil ve bir tutam tuzu birleştirin. Kaynamaya getirin.

b) Dilimlenmiş armutları tencereye ekleyin ve armutlar yumuşayıncaya kadar fakat yumuşak olmayana kadar pişirin.

c) Zencefilli armut turşusunu temiz kavanozlara aktarmadan önce soğumasını bekleyin. Mühürleyin ve soğutun.

ç) Bu turşu, peynir ve krakerlerle veya domuz eti yemeklerine çeşni olarak iyi uyum sağlar.

9.Kızılcık Portakal Turşusu

İÇİNDEKİLER:
- 2 su bardağı taze kızılcık
- 1 su bardağı portakal kabuğu, ince dilimlenmiş
- 1 su bardağı şeker
- 1 su bardağı beyaz sirke
- 1 çay kaşığı tarçın
- 1/2 çay kaşığı karanfil
- Bir tutam tuz

TALİMATLAR:

a) Bir tencerede şekeri, beyaz sirkeyi, tarçını, karanfilleri ve bir tutam tuzu birleştirin. Şeker eriyene kadar kaynamaya bırakın.

b) Tencereye taze kızılcık ve ince dilimlenmiş portakal kabuğunu ekleyin. Kızılcıklar patlayana ve karışım koyulaşana kadar pişirin.

c) Kızılcık portakal turşusunu temiz kavanozlara aktarmadan önce soğumasını bekleyin. Mühürleyin ve soğutun.

ç) Bu turşu, tatil yemeklerine şenlikli bir katkıdır ve kümes hayvanı yemekleriyle iyi uyum sağlar.

10.Kivi Jalapeno Turşusu

İÇİNDEKİLER:
- 2 bardak kivi, soyulmuş ve dilimlenmiş
- 1-2 jalapeno, dilimlenmiş (baharat tercihine göre ayarlayın)
- 1/2 su bardağı pirinç sirkesi
- 1/4 bardak bal
- 1 çay kaşığı siyah susam
- Bir tutam tuz

TALİMATLAR:
a) Bir kapta pirinç sirkesini, balı, çörek otu tohumlarını ve bir tutam tuzu birleştirin. İyice birleşene kadar karıştırın.

b) Kaseye dilimlenmiş kivi ve jalapeños ekleyin ve bunların sirke karışımıyla kaplandığından emin olun.

c) Kivi jalapeño turşusunu temiz kavanozlara aktarmadan önce en az bir saat marine etmeye bırakın. Mühürleyin ve soğutun.

ç) Bu turşu, salatalara veya ızgara balıkların üzerine tatlı ve baharatlı bir tat katar.

11.Erik ve Zencefil Turşusu

İÇİNDEKİLER:

- 2 bardak erik, çekirdeği çıkarılmış ve yarıya bölünmüş
- 1/2 su bardağı elma sirkesi
- 1/4 su bardağı esmer şeker
- 1 yemek kaşığı taze zencefil, rendelenmiş
- 1 çay kaşığı hardal tohumu
- 1/2 çay kaşığı kişniş tohumu
- Bir tutam tuz

TALİMATLAR:

a) Bir tencerede elma sirkesi, esmer şeker, rendelenmiş zencefil, hardal tohumu, kişniş tohumu ve bir tutam tuzu birleştirin. Şeker eriyene kadar kaynatın.

b) Tencereye ikiye bölünmüş erikleri ekleyin ve erikler yumuşayıncaya kadar pişirin.

c) Erik ve zencefil turşusunu temiz kavanozlara aktarmadan önce soğumasını bekleyin. Mühürleyin ve soğutun.

ç) Bu turşu, ızgara etler için lezzetli bir çeşnidir veya peynir ve krakerlerle birlikte tüketilebilir.

12.Tropikal Meyve Karışık Turşu

İÇİNDEKİLER:
- 1 bardak mango, doğranmış
- 1 bardak ananas, doğranmış
- 1 bardak papaya, doğranmış
- 1/2 su bardağı limon suyu
- 1/4 bardak bal
- 1 çay kaşığı biber tozu
- 1/2 çay kaşığı kimyon
- Bir tutam tuz

TALİMATLAR:
a) Bir kasede doğranmış mango, ananas ve papayayı birleştirin.
b) Ayrı bir kapta limon suyu, bal, kırmızı biber tozu, kimyon ve bir tutam tuzu birlikte çırpın.
c) Sosu tropikal meyve karışımının üzerine dökün ve iyice kaplanana kadar fırlatın.
ç) Temiz kavanozlara aktarmadan önce turşuyu en az bir saat marine etmeye bırakın. Mühürleyin ve soğutun.
d) Bu tropik meyve turşusu, yaz salatalarına serinletici bir katkıdır veya ızgara deniz ürünleri ile servis edilebilir.

13.Ahududu Balzamik Turşu

İÇİNDEKİLER:
- 2 su bardağı taze ahududu
- 1/2 bardak balzamik sirke
- 1/4 bardak bal
- 1 çay kaşığı karabiber
- Bir tutam tuz

TALİMATLAR:
a) Bir tencerede balzamik sirkeyi, balı, karabiberi ve bir tutam tuzu birleştirin. Karışım hafifçe kalınlaşana kadar ısıtın.
b) Taze ahududuları tencereye ekleyin ve ahududular parçalanıp karışım reçel kıvamına gelinceye kadar pişirin.
c) Ahududu balzamik turşusunu temiz kavanozlara aktarmadan önce soğumasını bekleyin. Mühürleyin ve soğutun.
ç) Bu tatlı ve keskin turşu, peynirle iyi uyum sağlar veya tatlıların üzeri için kullanılabilir.

14.Narenciye Zencefil Turşusu

İÇİNDEKİLER:

- 1 bardak portakal dilimleri, soyulmuş
- 1 bardak soyulmuş greyfurt dilimleri
- 1 yemek kaşığı taze zencefil, ince rendelenmiş
- 1/4 bardak beyaz şarap sirkesi
- 1/4 su bardağı şeker
- 1/2 çay kaşığı kakule
- Bir tutam tuz

TALİMATLAR:

a) Bir kasede portakal dilimlerini, greyfurt dilimlerini ve ince rendelenmiş zencefili birleştirin.

b) Bir tencerede beyaz şarap sirkesini, şekeri, kakuleyi ve bir tutam tuzu ısıtın. Şeker eriyene kadar karıştırın.

c) Sıcak sirke karışımını narenciye ve zencefil karışımının üzerine dökün. İyice karıştırın.

ç) Narenciye zencefil turşusunu temiz kavanozlara aktarmadan önce soğumasını bekleyin. Mühürleyin ve soğutun.

d) Bu turşu, salatalara serinletici bir katkıdır veya ızgara tavuk veya balıkla birlikte servis edilebilir.

15. Ballı-Limonlu Mango Turşusu

İÇİNDEKİLER:
- 2 su bardağı olgun mango, doğranmış
- 1/4 su bardağı limon suyu
- 2 yemek kaşığı bal
- 1 çay kaşığı biber tozu
- 1/2 çay kaşığı kimyon
- Bir tutam tuz

TALİMATLAR:
a) Bir kasede doğranmış olgun mangoyu, limon suyunu, balı, kırmızı biber tozunu, kimyonu ve bir tutam tuzu birleştirin.
b) Mango bal-kireç karışımıyla iyice kaplanana kadar malzemeleri karıştırın.
c) Ballı limonlu mango turşusunu temiz kavanozlara aktarmadan önce en az bir saat marine etmeye bırakın. Mühürleyin ve soğutun.
ç) Bu tatlı ve baharatlı turşu, ızgara etlerin yanına enfes bir eşlikçidir veya tek başına da tüketilebilir.

16.Kiraz Badem Turşusu

İÇİNDEKİLER:

- 2 su bardağı taze kiraz, çekirdekleri çıkarılmış ve yarıya bölünmüş
- 1/2 su bardağı kırmızı şarap sirkesi
- 1/4 bardak badem dilimleri
- 2 yemek kaşığı şeker
- 1/2 çay kaşığı vanilya özü
- Bir tutam tuz

TALİMATLAR:

a) Bir tencerede kırmızı şarap sirkesini, badem dilimlerini, şekeri, vanilya özütünü ve bir tutam tuzu birleştirin. Şeker eriyene kadar ısıtın.

b) Çekirdekleri çıkarılmış ve ikiye bölünmüş taze kirazları tencereye ekleyin ve kirazlar yumuşayıncaya kadar pişirin.

c) Temiz kavanozlara aktarmadan önce kiraz badem turşusunu soğumaya bırakın. Mühürleyin ve soğutun.

ç) Bu turşu, salatalara eşsiz bir ektir veya vanilyalı dondurma gibi tatlılarla birlikte servis edilebilir.

17.Limonlu Fesleğen Turşusu

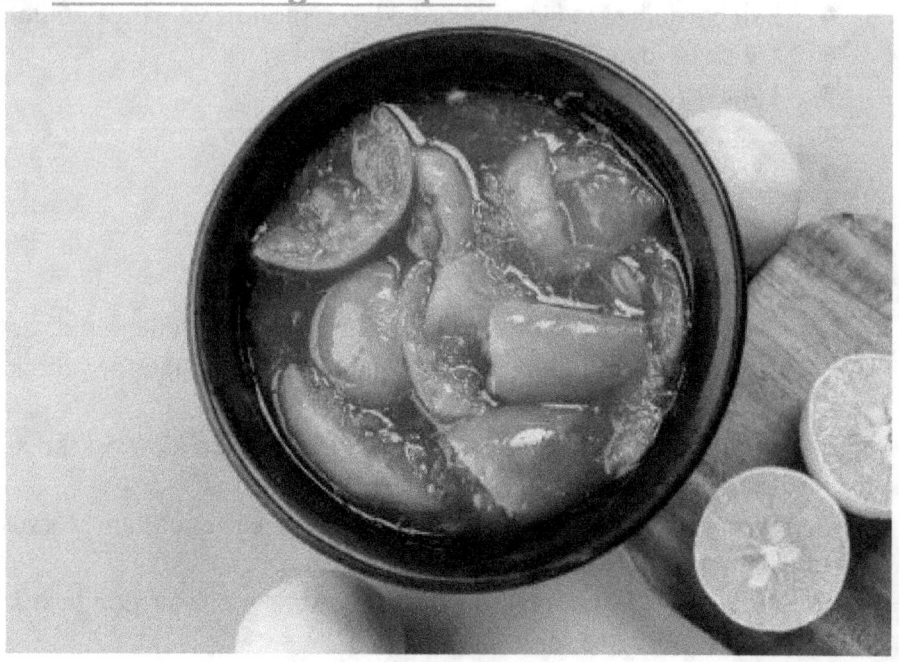

İÇİNDEKİLER:
- 2 su bardağı limon, ince dilimlenmiş
- 1/2 su bardağı taze fesleğen yaprağı, doğranmış
- 1/4 bardak beyaz şarap sirkesi
- 2 yemek kaşığı şeker
- 1 çay kaşığı karabiber
- Bir tutam tuz

TALİMATLAR:
a) Bir kapta ince dilimlenmiş limonları, doğranmış taze fesleğeni, beyaz şarap sirkesini, şekeri, karabiberi ve bir tutam tuzu birleştirin.
b) Limon dilimleri sirke karışımıyla iyice kaplanana kadar malzemeleri karıştırın.
c) Limonlu fesleğen turşusunu temiz kavanozlara aktarmadan önce en az bir saat marine etmeye bırakın. Mühürleyin ve soğutun.
ç) Bu turşu, salatalara narenciye ve bitkisel tatlar katar veya deniz ürünleri yemeklerinde garnitür olarak kullanılabilir.

18.Guava Biber Turşusu

İÇİNDEKİLER:
- 2 su bardağı olgun guava, doğranmış
- 1/4 su bardağı limon suyu
- 2 yemek kaşığı biber tozu
- 1 yemek kaşığı bal
- 1 çay kaşığı kimyon
- Bir tutam tuz

TALİMATLAR:
a) Bir kasede doğranmış olgun guava, limon suyu, kırmızı biber tozu, bal, kimyon ve bir tutam tuzu birleştirin.
b) Guava biber-kireç karışımıyla iyice kaplanana kadar malzemeleri atın.
c) Temiz kavanozlara aktarmadan önce guava biber turşusunun en az bir saat kadar marine edilmesini bekleyin. Mühürleyin ve soğutun.
ç) Bu tatlı ve baharatlı turşu, salatalara eşsiz ve tropikal bir katkıdır veya tek başına da tüketilebilir.

19.Yaban Mersini Nane Turşusu

İÇİNDEKİLER:
- 2 su bardağı taze yaban mersini
- 1/2 su bardağı elma sirkesi
- 1/4 bardak bal
- 1/4 bardak taze nane yaprağı, doğranmış
- 1/2 çay kaşığı tarçın
- Bir tutam tuz

TALİMATLAR:
a) Bir tencerede elma sirkesini, balı, doğranmış nane yapraklarını, tarçını ve bir tutam tuzu birleştirin. Bal eriyene kadar ısıtın.
b) Taze yaban mersinlerini tencereye ekleyin ve meyveler hafifçe yumuşayana kadar pişirin.
c) Yaban mersini nane turşusunu temiz kavanozlara aktarmadan önce soğumasını bekleyin. Mühürleyin ve soğutun.
ç) Bu turşu yoğurda, tatlılara lezzetli bir katkı olabilir veya ızgara etlere çeşni olarak servis edilebilir.

20.Yıldız Meyvesi Zencefil Turşusu

İÇİNDEKİLER:

- 2 su bardağı yıldız meyvesi (carambola), dilimlenmiş
- 1/4 bardak pirinç sirkesi
- 2 yemek kaşığı taze zencefil, rendelenmiş
- 1 yemek kaşığı şeker
- 1 çay kaşığı siyah susam
- Bir tutam tuz

TALİMATLAR:

a) Bir kasede dilimlenmiş yıldız meyvesini, pirinç sirkesini, rendelenmiş zencefili, şekeri, çörek otu tohumlarını ve bir tutam tuzu birleştirin.

b) Yıldız meyvesi sirke karışımıyla iyice kaplanana kadar malzemeleri atın.

c) Yıldız meyvesi zencefil turşusunu temiz kavanozlara aktarmadan önce en az bir saat marine etmeye bırakın. Mühürleyin ve soğutun.

21.Baharatlı portakal turşusu

İÇİNDEKİLER:
- 1,4 kg (yaklaşık 4 büyük) portakal
- 1 çay kaşığı tuz
- 400 gr pudra şekeri
- 21/2 yemek kaşığı altın şurubu
- 185ml (3/4 su bardağı) beyaz şarap sirkesi
- 125ml (1/2 su bardağı) taze portakal suyu
- 6 dilim taze zencefil
- 1 çay kaşığı öğütülmüş karabiber
- 1 tarçın çubuğu
- 1 çay kaşığı bütün karanfil

TALİMATLAR:
a) Portakalları ve tuzu büyük bir tencereye koyun ve üzerini soğuk suyla örtün.
b) Su altında kalmaları için portakalların üzerine bir tabak yerleştirin.
c) Orta-düşük ateşte kaynamaya getirin. 40 dakika veya portakallar yumuşayana kadar pişirin. Boşaltmak. Soğuması için bir kenara koyun. Portakalları ikiye bölün ve enine ince ince dilimleyin.
ç) Şekeri, altın şurubu, sirkeyi, portakal suyunu, zencefili, karabiberi, tarçın çubuğunu ve karanfilleri büyük bir tencerede orta ateşte şeker eriyene kadar karıştırın.
d) Portakalı ekleyin. Kaynamaya getirin. Isıyı düşük seviyeye düşürün. 20 dakika pişirin.
e) Sterilize edilmiş kavanozlara aktarın ve kapatın. Tatlarının gelişmesi için açılmadan önce en az 3 hafta serin ve karanlık bir yerde veya buzdolabında saklayın.

22.Tatlı ve Keskin Pancar Turşusu

İÇİNDEKİLER:

- 2 bardak pancar, soyulmuş ve dilimlenmiş
- 1 su bardağı kırmızı soğan, ince dilimlenmiş
- 1 bardak elma, doğranmış
- 1 su bardağı altın kuru üzüm
- 1 su bardağı elma sirkesi
- 1 bardak su
- 1 su bardağı esmer şeker
- 1 çay kaşığı tarçın
- 1 çay kaşığı karanfil
- 1 çay kaşığı yenibahar

TALİMATLAR:

a) Bir tencerede elma sirkesi, su, esmer şeker, tarçın, karanfil ve yenibaharı birleştirin. Şeker eriyene kadar karıştırarak kaynatın.

b) Kaynayan karışıma pancar, kırmızı soğan, elma ve altın kuru üzüm ekleyin. Pancarlar yumuşayana kadar pişirin.

c) Karışımı temiz kavanozlara aktarmadan önce soğumasını bekleyin. Mühürleyin ve soğutun.

ç) Bu tatlı ve keskin pancar turşusu, salatalara veya eşsiz bir garnitür olarak nefis bir katkıdır.

SEBZE TURŞULARI

23.Dereotu turşu

İÇİNDEKİLER:
- 4 lbs. 4 inçlik salatalık turşusu
- 2 yemek kaşığı dereotu tohumu veya 4 ila 5 kafa taze veya kuru dereotu
- 1/2 bardak tuz
- 1/4 bardak sirke (%5
- 8 bardak su ve aşağıdakilerden bir veya birkaçı :
- 2 diş sarımsak (isteğe bağlı)
- 2 adet kurutulmuş kırmızı biber (isteğe bağlı)
- 2 çay kaşığı bütün karışık dekapaj baharatları

TALİMATLAR:

a) Salatalıkları yıkayın. Çiçek ucunun 1/16 inçlik dilimini kesin ve atın. 1/4 inçlik sapı takılı bırakın. Temiz, uygun bir kabın dibine dereotu ve baharatların yarısını koyun.
b) Salatalıkları, kalan dereotu ve baharatları ekleyin. Tuzu sirke ve suda eritip salatalıkların üzerine dökün.
c) Uygun kaplama ve ağırlık ekleyin. Fermantasyon sırasında sıcaklığın 70° ila 75°F arasında olduğu bir yerde yaklaşık 3 ila 4 hafta saklayın. 55° ila 65°F arasındaki sıcaklıklar kabul edilebilir, ancak fermantasyon 5 ila 6 hafta sürecektir.
ç) 80°F'nin üzerindeki sıcaklıklardan kaçının, aksi takdirde turşular fermantasyon sırasında çok yumuşak hale gelir. Fermente turşular yavaş yavaş sertleşir. Kabı haftada birkaç kez kontrol edin ve yüzeydeki pislikleri veya küfleri derhal temizleyin. Dikkat: Turşu yumuşarsa, sümüksü hale gelirse veya hoş olmayan bir koku çıkarırsa atın.
d) Tamamen fermente edilmiş turşular, soğutulmaları ve yüzeydeki köpük ve küflerin düzenli olarak uzaklaştırılması koşuluyla, orijinal kaplarında yaklaşık 4 ila 6 ay saklanabilir. Tamamen fermente edilmiş turşuların konservelenmesi, bunları saklamanın daha iyi bir yoludur. Bunları konservelemek için, salamurayı bir tavaya dökün, yavaş yavaş kaynatın ve 5 dakika pişirin. İstenirse, bulanıklığı azaltmak için tuzlu suyu kağıt kahve filtrelerinden süzün.
e) Sıcak kavanozu turşu ve sıcak salamurayla doldurun ve 1/2 inçlik boşluk bırakın.
f) Hava kabarcıklarını giderin ve gerekirse üst boşluğu ayarlayın. Kavanozların kenarlarını nemli, temiz bir kağıt havluyla silin.
g) Kapakları ayarlayın ve işlemi yapın.

24. Ekmek ve Tereyağlı Turşu

İÇİNDEKİLER:
- 6 lbs. 4 ila 5 inç salatalık turşusu
- 8 su bardağı ince dilimlenmiş soğan
- 1/2 bardak konserve veya dekapaj tuzu
- 4 su bardağı sirke (%5)
- 4-1/2 su bardağı şeker
- 2 Yemek kaşığı hardal tohumu
- 1-1/2 Yemek kaşığı kereviz tohumu
- 1 Yemek kaşığı öğütülmüş zerdeçal
- 1 bardak turşu kireci

TALİMATLAR:
a) Salatalıkları yıkayın. Çiçek ucunun 1/16 inçlik kısmını kesin ve atın. 3/16 inçlik dilimler halinde kesin. Salatalıkları ve soğanları geniş bir kapta birleştirin. Tuz ekle. 2 inç kırılmış veya küp buzla örtün. Gerektiğinde daha fazla buz ekleyerek 3 ila 4 saat buzdolabında saklayın.

b) Geri kalan malzemeleri büyük bir tencerede birleştirin. 10 dakika kaynatın. Süzün, salatalık ve soğanı ekleyin ve kaynayana kadar yavaşça tekrar ısıtın. Sıcak bira bardağı kavanozlarını dilimler ve pişirme şurubu ile doldurun ve 1/2 inçlik boşluk bırakın. Hava kabarcıklarını giderin ve gerekirse üst boşluğu ayarlayın. Kavanozların kenarlarını nemli, temiz bir kağıt havluyla silin.

c) Kapakları ayarlayın ve işlem yapın .

25.Taze Paket Dereotu Turşusu

İÇİNDEKİLER:
- 8 lbs. 3 ila 5 inç salatalık turşusu
- 2 galon su
- 1-1/4 bardak konserve veya dekapaj tuzu
- 1-1/2 litre sirke (%5)
- 1/4 su bardağı şeker
- 2 litre su
- 2 yemek kaşığı bütün karışık dekapaj baharatı
- yaklaşık 3 yemek kaşığı bütün hardal tohumu
- yaklaşık 14 kafa taze dereotu (1 litrelik kavanoz başına 1-1/2 kafa) veya
- 4-1/2 yemek kaşığı dereotu tohumu (1 litrelik kavanoz başına 1-1/2 çay kaşığı)

TALİMATLAR:
a) Salatalıkları yıkayın. Çiçek ucunun 1/16 inçlik dilimini kesin ve atın, ancak 1/4 inçlik sapı takılı bırakın. 3/4 bardak tuzu 2 galon suda eritin. Salatalıkların üzerine dökün ve 12 saat bekletin. Boşaltmak.
b) Sirke, 1/2 bardak tuz, şeker ve 2 litre suyu birleştirin. Temiz beyaz bir beze sarılmış karışık dekapaj baharatlarını ekleyin. Kaynayana kadar ısıtın. Sıcak kavanozları salatalıklarla doldurun.
c) 1 çay kaşığı hardal tohumu ve 1-1/2 kafa taze dereotu ekleyin. 1/2-inç kafa boşluğu bırakarak kaynar dekapaj çözeltisiyle örtün. Hava kabarcıklarını giderin ve gerekirse üst boşluğu ayarlayın. Kavanozların kenarlarını nemli, temiz bir kağıt havluyla silin.
ç) Kapakları ayarlayın ve işlemi yapın.

26.Kabak-Ananas Turşusu

İÇİNDEKİLER:
- 4 litre küp veya rendelenmiş kabak
- 46 oz. konserve şekersiz ananas suyu
- 1 1/2 bardak şişelenmiş limon suyu
- 3 su bardağı şeker

TALİMATLAR:
a) diğer malzemelerle bir tavada karıştırın ; buharlı bir kaynamaya getirin .
b) 20 dakika kaynatın.
c) Sıcak kavanozları sıcak suyla doldurun karışımı ve pişirme sıvısını 1/2-inç boşluk bırakarak doldurun .
ç) Hava kabarcıklarını serbest bırakın.
d) Kavanozları sıkıca kapatın, ardından su banyosunda 5 dakika ısıtın.

27.Tatlı Kornişon Turşu

İÇİNDEKİLER:
- 7 lbs. salatalık (1-1/2 inç veya daha az)
- 1/2 bardak konserve veya dekapaj tuzu
- 8 su bardağı şeker
- 6 su bardağı sirke (%5)
- 3/4 çay kaşığı zerdeçal
- 2 çay kaşığı kereviz tohumu
- 2 çay kaşığı bütün karışık dekapaj baharatı
- 2 tarçın çubuğu
- 1/2 çay kaşığı rezene (isteğe bağlı)
- 2 çay kaşığı vanilya (isteğe bağlı)

TALİMATLAR:
a) Salatalıkları yıkayın. Çiçek ucunun 1/16 inçlik dilimini kesin ve atın, ancak 1/4 inçlik sapı takılı bırakın.

b) Salatalıkları büyük bir kaba koyun ve üzerini kaynar suyla kaplayın. Altı ila 8 saat sonra ve ikinci gün tekrar boşaltın ve 1/4 bardak tuz içeren 6 litre taze kaynar su ile örtün. Üçüncü gün salatalıkların suyunu süzüp çatalla delin.

c) 3 su bardağı sirke, 3 su bardağı şeker, zerdeçal ve baharatları birleştirip kaynatın. Salatalıkların üzerine dökün. Altı ila 8 saat sonra, dekapaj şurubunu boşaltın ve saklayın. 2 bardak daha şeker ve sirke ekleyin ve kaynatmak için tekrar ısıtın. Turşuların üzerine dökün.

ç) Dördüncü gün şurubu boşaltın ve saklayın. 2 su bardağı şeker ve 1 su bardağı sirke daha ekleyin. Kaynamaya kadar ısıtın ve turşuların üzerine dökün. Asitleme şurubunu boşaltın ve saklayın 6 ila 8 saat sonra. 1 su bardağı şeker ve 2 çay kaşığı vanilyayı ekleyip kaynamaya kadar ısıtın.

d) Sıcak steril yarım litrelik kavanozları turşularla doldurun ve üzerini sıcak şurupla kaplayarak 1/2 inçlik bir boşluk bırakın.

e) Hava kabarcıklarını giderin ve gerekirse üst boşluğu ayarlayın. Kavanozların kenarlarını nemli, temiz bir kağıt havluyla silin.

f) Kapakları ayarlayın ve işlemi yapın.

28.On Dört Günlük Tatlı Turşu

İÇİNDEKİLER:

- 4 lbs. 2 ila 5 inç salatalık turşusu
- 3/4 bardak konserve veya dekapaj tuzu
- 2 çay kaşığı kereviz tohumu
- 2 yemek kaşığı karışık dekapaj baharatları
- 5-1/2 su bardağı şeker
- 4 su bardağı sirke (%5)

TALİMATLAR:

a) Salatalıkları yıkayın. Çiçek ucunun 1/16 inçlik dilimini kesin ve atın, ancak 1/4 inçlik sapı takılı bırakın. Bütün salatalıkları 1 galonluk uygun bir kaba yerleştirin.

b) litre suya 1/4 bardak konserve veya salamura tuzu ekleyin ve kaynatın. Salatalıkların üzerine dökün. Uygun kaplama ve ağırlık ekleyin.

c) Temiz havluyu kabın üzerine yerleştirin ve sıcaklığı yaklaşık 70°F'ta tutun. Üçüncü ve beşinci günlerde tuzlu suyu boşaltın ve atın. Salatalıkları durulayın ve salatalıkları kaba geri koyun. 2 litre tatlı suya 1/4 bardak tuz ekleyin ve kaynatın. Salatalıkların üzerine dökün.

ç) Kapağı ve ağırlığı değiştirin ve temiz havluyla yeniden örtün. Yedinci gün tuzlu suyu boşaltın ve atın. Salatalıkları durulayın, üzerini örtün ve tartın.

29.Hızlı Tatlı Turşu

İÇİNDEKİLER:

- 8 lbs. 3 ila 4 inç salatalık turşusu
- 1/3 bardak konserve veya dekapaj tuzu
- 4-1/2 su bardağı şeker
- 3-1/2 bardak sirke (%5)
- 2 çay kaşığı kereviz tohumu
- 1 Yemek kaşığı bütün yenibahar
- 2 Yemek kaşığı hardal tohumu
- 1 su bardağı turşu kireci (isteğe bağlı)

TALİMATLAR:

a) Salatalıkları yıkayın. Çiçek ucunun 1/16 inçlik kısmını kesin ve atın, ancak 1/4 inçlik sapı takılı bırakın. İstenirse şeritler halinde dilimlenir veya kesilir. Kaseye yerleştirin ve 1/3 bardak tuz serpin. 2 inç kırılmış veya küp buzla örtün.

b) 3 ila 4 saat buzdolabında bekletin. Gerektiğinde daha fazla buz ekleyin. İyice boşaltın.

c) Şekeri, sirkeyi, kereviz tohumunu, yenibaharı ve hardal tohumunu 6 litrelik su ısıtıcısında birleştirin. Kaynayana kadar ısıtın.

ç) Sıcak paket—Salatalıkları ekleyin ve sirke çözeltisi tekrar kaynayana kadar yavaşça ısıtın. Karışımın eşit şekilde ısınmasını sağlamak için ara sıra karıştırın. Steril kavanozları 1/2 inçlik boşluk bırakarak doldurun.

d) Ham paket: Sıcak kavanozları 1/2-inç boşluk bırakarak doldurun. 1/2-inç boşluk bırakarak sıcak dekapaj şurubu ekleyin.

e) Hava kabarcıklarını giderin ve gerekirse üst boşluğu ayarlayın. Kavanozların kenarlarını nemli, temiz bir kağıt havluyla silin.

f) Kapakları ayarlayın ve işlemi yapın .

30.Kuşkonmaz Turşusu

İÇİNDEKİLER:
- 10 lbs. Kuşkonmaz
- 6 büyük diş sarımsak
- 4-1/2 su bardağı su
- 4-1/2 bardak beyaz damıtılmış sirke (%5)
- 6 adet küçük acı biber (isteğe bağlı)
- 1/2 bardak konserve tuzu
- 3 çay kaşığı dereotu tohumu

TALİMATLAR:

a) Kuşkonmazı akan suyun altında iyice ama nazikçe yıkayın. Sapları alttan keserek mızrakları uçlarıyla birlikte konserve kavanozuna yerleştirin ve 1/2 inçten biraz daha fazla kafa boşluğu bırakın. Sarımsak dişlerini soyun ve yıkayın.

b) Her kavanozun dibine bir diş sarımsak koyun ve kuşkonmazı sıcak kavanozlara küt uçları aşağıya gelecek şekilde sıkıca paketleyin. 8 litrelik bir tencerede su, sirke, acı biber (isteğe bağlı), tuz ve dereotu tohumunu birleştirin.

c) Kaynatın. Kuşkonmaz mızraklarının üzerine her kavanoza bir acı biber (kullanılıyorsa) koyun. Kaynayan sıcak dekapaj tuzlu suyunu mızrakların üzerine dökün ve 1/2 inçlik bir boşluk bırakın.

ç) Hava kabarcıklarını giderin ve gerekirse üst boşluğu ayarlayın. Kavanozların kenarlarını nemli, temiz bir kağıt havluyla silin.

d) Kapakları ayarlayın ve işlemi yapın.

31.Turşu Dereotu Fasulye

İÇİNDEKİLER:

- 4 lbs. taze yumuşak yeşil veya sarı fasulye
- 8 ila 16 kafa taze dereotu
- 8 diş sarımsak (isteğe bağlı)
- 1/2 bardak konserve veya dekapaj tuzu
- 4 bardak beyaz sirke (%5)
- 4 bardak su
- 1 çay kaşığı acı kırmızı biber göleti (isteğe bağlı)

TALİMATLAR:

a) Fasulyelerin uçlarını yıkayıp kesin ve 4 inç uzunluğa kadar kesin. Her bir sıcak steril kavanoza 1 ila 2 dereotu başları ve istenirse 1 diş sarımsak koyun. Bütün fasulyeleri kavanozlara dik olarak yerleştirin ve 1/2 inçlik bir boşluk bırakın.

b) Gerekirse, uygun olduğundan emin olmak için fasulyeleri kesin. Tuz, sirke, su ve biber göllerini (istenirse) birleştirin. Kaynatın. Fasulyelere sıcak çözelti ekleyin ve 1/2 inçlik bir boşluk bırakın.

c) Hava kabarcıklarını giderin ve gerekirse üst boşluğu ayarlayın. Kavanozların kenarlarını nemli, temiz bir kağıt havluyla silin.

ç) Kapakları ayarlayın ve işlemi yapın.

32. Üç Fasulye Turşusu Salatası

İÇİNDEKİLER:
- 1-1/2 su bardağı beyazlatılmış yeşil / sarı fasulye
- 1-1/2 bardak konserve, süzülmüş, kırmızı barbunya fasulyesi
- 1 su bardağı konserve, süzülmüş garbanzo fasulyesi
- 1/2 bardak soyulmuş ve ince dilimlenmiş soğan
- 1/2 bardak kesilmiş ve ince dilimlenmiş kereviz
- 1/2 bardak dilimlenmiş yeşil biber
- 1/2 bardak beyaz sirke (%5)
- 1/4 bardak şişelenmiş limon suyu
- 3/4 su bardağı şeker
- 1/4 su bardağı sıvı yağ
- 1/2 çay kaşığı konserve veya dekapaj tuzu
- 1-1/4 su bardağı su

TALİMATLAR:
a) Taze fasulyeleri yıkayıp uçlarını kesin. 1 ila 2 inçlik parçalar halinde kesin veya oturtun.

b) 3 dakika haşlayın ve hemen soğutun. Barbunya fasulyelerini musluk suyuyla yıkayıp tekrar süzün. Diğer tüm sebzeleri hazırlayın ve ölçün.

c) Sirke, limon suyu, şeker ve suyu birleştirin ve kaynatın. Ateşten alın.

ç) Yağ ve tuzu ekleyip iyice karıştırın. Solüsyona fasulye, soğan, kereviz ve yeşil biber ekleyin ve kaynamaya bırakın.

d) Buzdolabında 12 ila 14 saat marine edin, ardından karışımın tamamını kaynatın. Sıcak kavanozları katı maddelerle doldurun. 1/2-inç boşluk bırakarak sıcak sıvı ekleyin.

e) Hava kabarcıklarını giderin ve gerekirse üst boşluğu ayarlayın. Kavanozların kenarlarını nemli, temiz bir kağıt havluyla silin.

f) Kapakları ayarlayın ve işlemi yapın.

33. Havuç Turşusu

İÇİNDEKİLER:

- 2-3/4 lbs. soyulmuş havuç
- 5-1/2 bardak beyaz sirke (%5)
- 1 bardak su
- 2 su bardağı şeker
- 2 çay kaşığı konserve tuzu
- 8 çay kaşığı hardal tohumu
- 4 çay kaşığı kereviz tohumu

TALİMATLAR:

a) Havuçları yıkayıp soyun. Yaklaşık 1/2 inç kalınlığında turlar halinde kesin.

b) Sirke, su, şeker ve konserve tuzunu 8 litrelik bir Hollanda fırınında veya tencerede birleştirin. Kaynatın ve 3 dakika kaynatın. Havuç ekleyin ve tekrar kaynatın. Daha sonra ateşi kısın ve yarı pişene kadar (yaklaşık 10 dakika) ısıtın.

c) Bu arada boş sıcak kavanozların her birine 2 çay kaşığı hardal tohumu ve 1 çay kaşığı kereviz tohumu koyun. Kavanozları sıcak havuçlarla doldurun ve üstte 1 inç boşluk bırakın. 1/2-inç boşluk bırakarak sıcak dekapaj sıvısıyla doldurun.

ç) Hava kabarcıklarını giderin ve gerekirse üst boşluğu ayarlayın. Kavanozların kenarlarını nemli, temiz bir kağıt havluyla silin.

d) Kapakları ayarlayın ve işlemi yapın.

34.Karnabahar Turşusu / Brüksel

İÇİNDEKİLER:

- 12 bardak 1 ila 2 inç karnabahar ezmesi veya küçük Brüksel lahanası
- 4 bardak beyaz sirke (%5)
- 2 su bardağı şeker
- 2 su bardağı ince dilimlenmiş soğan
- 1 su bardağı doğranmış tatlı kırmızı biber
- 2 Yemek kaşığı hardal tohumu
- 1 Yemek kaşığı kereviz tohumu
- 1 çay kaşığı zerdeçal
- 1 çay kaşığı acı kırmızı biber gölleri

TALİMATLAR:

a) Karnabahar filetolarını veya Brüksel lahanasını yıkayın (saplarını ve lekeli dış yapraklarını çıkarın) ve tuzlu suda (galon suya 4 çay kaşığı konserve tuzu) karnabahar için 3 dakika, Brüksel lahanası için 4 dakika kaynatın. Boşaltın ve soğutun.

b) Büyük tencerede sirke, şeker, soğan, doğranmış kırmızı biber ve baharatları birleştirin. Kaynatın ve 5 dakika pişirin. Kavanozların arasına soğanı ve doğranmış biberi paylaştırın. Sıcak kavanozları parçalarla ve dekapaj solüsyonuyla doldurun ve 1/2 inçlik boşluk bırakın.

c) Hava kabarcıklarını giderin ve gerekirse üst boşluğu ayarlayın. Kavanozların kenarlarını nemli, temiz bir kağıt havluyla silin.

ç) Kapakları ayarlayın ve işlemi yapın.

35.Chayote ve Jicama Turşusu

İÇİNDEKİLER:
- 4 bardak julienned jicama
- 4 bardak jülyen doğranmış chayote
- 2 su bardağı doğranmış kırmızı dolmalık biber
- 2 adet doğranmış acı biber
- 2-1/2 su bardağı su
- 2-1/2 bardak elma sirkesi (%5)
- 1/2 su bardağı beyaz şeker
- 3-1/2 çay kaşığı konserve tuzu
- 1 çay kaşığı kereviz tohumu (isteğe bağlı)

TALİMATLAR:
a) Dikkat: Acı biberleri tutarken veya keserken plastik veya lastik eldiven giyin ve yüzünüze dokunmayın. Eldiven takmıyorsanız yüzünüze veya gözlerinize dokunmadan önce ellerinizi sabun ve suyla iyice yıkayın.

b) Çakalın tohumunu atarak jicama ve chayote'yi yıkayın, soyun ve ince bir şekilde julienne ve chayote'yi soyun. 8 litrelik bir Hollanda fırınında veya stokta, chayote dışındaki tüm malzemeleri birleştirin. Kaynatın ve 5 dakika kaynatın.

c) Kaynamaya başlayınca ısıyı azaltın ve chayote ekleyin. Tekrar kaynatın ve ardından ateşi açın. Sıcak katıları sıcak yarım litrelik kavanozlara doldurun ve 1/2 inçlik boşluk bırakın. kafa boşluğu.

ç) 1/2-inç kafa boşluğu bırakarak kaynar pişirme sıvısıyla örtün.

d) Hava kabarcıklarını giderin ve gerekirse üst boşluğu ayarlayın. Kavanozların kenarlarını nemli, temiz bir kağıt havluyla silin.

e) Kapakları ayarlayın ve işlemi yapın.

36.Ekmek ve Tereyağı Turşusu Jicama

İÇİNDEKİLER:
- 14 bardak küp şeklinde jicama
- 3 su bardağı ince dilimlenmiş soğan
- 1 su bardağı doğranmış kırmızı dolmalık biber
- 4 bardak beyaz sirke (%5)
- 4-1/2 su bardağı şeker
- 2 Yemek kaşığı hardal tohumu
- 1 Yemek kaşığı kereviz tohumu
- 1 çay kaşığı öğütülmüş zerdeçal

TALİMATLAR:
a) Sirke, şeker ve baharatları 12 litrelik Hollanda fırınında veya büyük tencerede birleştirin. Karıştırın ve kaynatın. Hazırlanan jicama, soğan dilimleri ve kırmızı dolmalık biberi karıştırın. Kaynamaya dönün, ısıyı azaltın ve 5 dakika pişirin. Ara sıra karıştır.
b) Sıcak katıları sıcak bira bardağı kavanozlarına doldurun ve 1/2 inçlik bir boşluk bırakın. 1/2-inç kafa boşluğu bırakarak kaynar pişirme sıvısıyla örtün.
c) Hava kabarcıklarını giderin ve gerekirse üst boşluğu ayarlayın. Kavanozların kenarlarını nemli, temiz bir kağıt havluyla silin.
ç) Kapakları ayarlayın ve işlemi yapın.

37.Marine Edilmiş Bütün Mantarlar

İÇİNDEKİLER:

- 7 lbs. küçük bütün mantarlar
- 1/2 bardak şişelenmiş limon suyu
- 2 su bardağı zeytinyağı veya salata yağı
- 2-1/2 bardak beyaz sirke (%5)
- 1 Yemek kaşığı kekik yaprağı
- 1 Yemek kaşığı kurutulmuş fesleğen yaprağı
- 1 yemek kaşığı konserve veya salamura tuzu
- 1/2 su bardağı doğranmış soğan
- 1/4 bardak doğranmış biber
- 2 diş sarımsak, dörde bölünmüş
- 25 adet karabiber

TALİMATLAR:

a) Çapı 1-1/4 inçten küçük kapaklı, çok taze, açılmamış mantarları seçin. Yıkama. Sapları, başlığa 1/4 inç bağlı kalacak şekilde kesin. Üzerini kapatacak kadar limon suyu ve su ekleyin. Kaynatın. 5 dakika kaynatın. Mantarları boşaltın.

b) Bir tencerede zeytinyağı, sirke, kekik, fesleğen ve tuzu karıştırın. Soğanları ve biberleri karıştırın ve kaynayana kadar ısıtın.

c) 1/4 diş sarımsağı yerleştirin ve Yarım litrelik kavanozda 2-3 adet karabiber. Sıcak kavanozları mantarlarla ve sıcak, iyi karıştırılmış yağ/sirke solüsyonuyla doldurun ve üstte 1/2 inç boşluk bırakın.

ç) Hava kabarcıklarını giderin ve gerekirse üst boşluğu ayarlayın. Kavanozların kenarlarını nemli, temiz bir kağıt havluyla silin.

d) Kapakları ayarlayın ve işlemi yapın.

38.Turşu Dereotu Bamya

İÇİNDEKİLER:

- 7 lbs. küçük bamya kabukları
- 6 adet küçük acı biber
- 4 çay kaşığı dereotu tohumu
- 8 ila 9 diş sarımsak
- 2/3 bardak konserve veya dekapaj tuzu
- 6 bardak su
- 6 su bardağı sirke (%5)

TALİMATLAR:

a) Bamyayı yıkayıp düzeltin. Sıcak kavanozları bütün bamyayla sıkıca doldurun ve 1/2 inçlik boşluk bırakın. Her kavanoza 1 diş sarımsak koyun.

b) Tuz, acı biber, dereotu tohumu, su ve sirkeyi büyük bir tencerede birleştirin ve kaynatın. Bamyanın üzerine sıcak dekapaj solüsyonunu dökün ve 1/2 inçlik bir boşluk bırakın.

c) Hava kabarcıklarını giderin ve gerekirse üst boşluğu ayarlayın. Kavanozların kenarlarını nemli, temiz bir kağıt havluyla silin.

ç) Kapakları ayarlayın ve işlemi yapın.

39. İnci Soğan Turşusu

İÇİNDEKİLER:
- 8 su bardağı soyulmuş beyaz inci soğan
- 5-1/2 bardak beyaz sirke (%5)
- 1 bardak su
- 2 çay kaşığı konserve tuzu
- 2 su bardağı şeker
- 8 çay kaşığı hardal tohumu
- 4 çay kaşığı kereviz tohumu

TALİMATLAR:

a) Soğanları soymak için, tel örgülü bir sepete veya süzgece birer birer birkaç tane koyun, 30 saniye boyunca kaynar suya batırın, ardından çıkarın ve 30 saniye boyunca soğuk suya koyun. Kök ucundan 1/16 inçlik bir dilim kesin ve ardından kabuğu çıkarın ve soğanın diğer ucundan 1/16 inçlik bir kesim yapın.

b) Sirke, su, tuz ve şekeri 8 litrelik Hollanda fırınında veya tencerede birleştirin. Kaynatın ve 3 dakika kaynatın.

c) Soyulmuş soğanları ekleyin ve tekrar kaynatın. Kaynamaya başlayınca ısıyı azaltın ve yarı pişene kadar (yaklaşık 5 dakika) ısıtın.

ç) Bu arada, boş sıcak kavanozların her birine 2 çay kaşığı hardal tohumu ve 1 çay kaşığı kereviz tohumu koyun. 1 inçlik boşluk bırakarak sıcak soğanlarla doldurun. 1/2-inç boşluk bırakarak sıcak dekapaj sıvısıyla doldurun.

d) Hava kabarcıklarını giderin ve gerekirse üst boşluğu ayarlayın. Kavanozların kenarlarını nemli, temiz bir kağıt havluyla silin.

e) Kapakları ayarlayın ve işlemi yapın.

40.Limon ve Kekik Turşusu Biber

İÇİNDEKİLER:

- 4 lbs. sert biber -Çan, Macar, muz veya jalapeno
- 1 bardak şişelenmiş limon suyu
- 2 su bardağı beyaz sirke (%5)
- 1 Yemek kaşığı kekik yaprağı
- 1 su bardağı zeytinyağı veya salata yağı
- 1/2 su bardağı doğranmış soğan
- 2 diş sarımsak, dörde bölünmüş (isteğe bağlı)
- 2 yemek kaşığı hazırlanmış yaban turpu (isteğe bağlı)

TALİMATLAR:

a) En sevdiğiniz biberi seçin. Dikkat: Acı biber seçerseniz plastik veya lastik eldiven giyin ve acı biberleri tutarken veya keserken yüzünüze dokunmayın.

b) Her bir biberi yıkayın, iki ila dört yarık kesin ve aşağıdaki iki yöntemden birini kullanarak sert kabuklu acı biberlerin kaynar suda veya kabarcıklı kabuklarında haşlayın:

c) Derileri kabartmak için fırın veya piliç yöntemi – Biberleri sıcak bir fırına (400°F) veya bir piliç altına 6 ila 8 dakika, kabukları kabarıncaya kadar yerleştirin.

ç) Derileri kabartmak için en üst düzey yöntem – Sıcak ocağı (gazlı veya elektrikli) kalın tel örgüyle örtün.

d) Biberleri, derileri kabarıncaya kadar birkaç dakika brülöre koyun.

e) Kabukları kabardıktan sonra biberleri bir tavaya koyun ve üzerini nemli bir bezle örtün. (Biberlerin soyulması daha kolay olacaktır.) Birkaç dakika soğutun; derilerin kabuğu. Biberleri bütün olarak düzleştirin.

f) Geriye kalan tüm malzemeleri bir tencerede karıştırın ve kaynayana kadar ısıtın. Her yarım litrelik sıcak kavanoza 1/4 diş sarımsak (isteğe bağlı) ve 1/4 çay kaşığı tuz veya yarım litre başına 1/2 çay kaşığı koyun. Sıcak kavanozları biberlerle doldurun. Biberlerin üzerine sıcak, iyi karıştırılmış yağ/dekapaj solüsyonunu ekleyin ve 1/2 inçlik bir boşluk bırakın.

g) Hava kabarcıklarını giderin ve gerekirse üst boşluğu ayarlayın. Kavanozların kenarlarını nemli, temiz bir kağıt havluyla silin.

ğ) Kapakları ayarlayın ve işlemi yapın.

41.Biber Turşusu

İÇİNDEKİLER:

- 7 lbs. sert dolmalık biber
- 3-1/2 su bardağı şeker
- 3 su bardağı sirke (%5)
- 3 bardak su
- 9 diş sarımsak
- 4-1/2 çay kaşığı konserve veya turşu tuzu

TALİMATLAR:

a) Biberleri yıkayın, dörde bölün, çekirdeklerini ve çekirdeklerini çıkarın ve tüm kusurları kesin. Biberleri şeritler halinde dilimleyin. Şekeri, sirkeyi ve suyu 1 dakika kaynatın.

b) Biberleri ekleyin ve kaynatın. Her bir sıcak, steril yarım litrelik kavanoza 1/2 diş sarımsak ve 1/4 çay kaşığı tuz koyun; Bira bardağı kavanozları için miktarları iki katına çıkarın.

c) Biber şeritleri ekleyin ve sıcak sirke karışımıyla kaplayın, 1/2-inç bırakın

42.Acı Biber Turşusu

İÇİNDEKİLER:
- Macarca, muz, şili , jalapeno
- 4 lbs. sıcak uzun kırmızı, yeşil veya sarı biber
- 3 lbs. tatlı kırmızı ve yeşil biber, karışık
- 5 su bardağı sirke (%5)
- 1 bardak su
- 4 çay kaşığı konserve veya turşu tuzu
- 2 yemek kaşığı şeker
- 2 diş sarımsak

TALİMATLAR:

a) Dikkat: Acı biberleri tutarken veya keserken plastik veya lastik eldiven giyin ve yüzünüze dokunmayın. Eldiven takmıyorsanız yüzünüze veya gözlerinize dokunmadan önce ellerinizi sabun ve suyla iyice yıkayın.

b) Biberleri yıkayın. Küçük biberler bütün olarak bırakılırsa, her birine 2 ila 4 yarık kesin. Çeyrek büyük biber.

c) Bu iki yöntemden birini kullanarak sert kabuklu acı biberleri kaynar suda haşlayın veya kabuklarını kabartın:

ç) Derileri kabartmak için fırın veya piliç yöntemi – Biberleri sıcak bir fırına (400°F) veya bir piliç altına 6 ila 8 dakika, kabukları kabarıncaya kadar yerleştirin.

d) Derileri kabartmak için en üst düzey yöntem – Sıcak ocağı (gazlı veya elektrikli) kalın tel örgüyle örtün.

e) Biberleri, derileri kabarıncaya kadar birkaç dakika brülöre koyun.

f) Kabukları kabardıktan sonra biberleri bir tavaya koyun ve üzerini nemli bir bezle örtün. (Biberlerin soyulması daha kolay olacaktır.) Birkaç dakika soğutun; derilerin kabuğu. Küçük biberleri yassılaştırın. Çeyrek büyük biber. Sıcak kavanozları biberle doldurun ve 1/2 inçlik boşluk bırakın.

g) Diğer malzemeleri birleştirin ve kaynayana kadar ısıtın ve 10 dakika pişirin. Sarımsakları çıkarın. Biberlerin üzerine sıcak dekapaj solüsyonu ekleyin ve 1/2 inçlik boşluk bırakın.

ğ) Hava kabarcıklarını giderin ve gerekirse üst boşluğu ayarlayın. Kavanozların kenarlarını nemli, temiz bir kağıt havluyla silin.

h) Kapakları ayarlayın ve işlemi yapın.

43.Jalapeno Biber Turşusu Halkaları

İÇİNDEKİLER:
- 3 lbs. Jalapeno biberi
- 1-1/2 bardak turşu kireci
- 1-1/2 galon su
- 7-1/2 su bardağı elma sirkesi (%5)
- 1-3/4 su bardağı su
- 2-1/2 yemek kaşığı konserve tuzu
- 3 Yemek kaşığı kereviz tohumu
- 6 Yemek kaşığı hardal tohumu

TALİMATLAR:

a) Dikkat: Acı biberleri tutarken veya keserken plastik veya lastik eldiven giyin ve yüzünüze dokunmayın.

b) Biberleri iyice yıkayın ve 1/4 inç kalınlığında dilimler halinde dilimleyin. Kök ucunu atın.

c) Paslanmaz çelik, cam veya gıda sınıfı plastik bir kapta 1-1/2 bardak dekapaj kirecini 1-1/2 galon suyla karıştırın. Kireç-su çözeltisini karıştırırken kireç tozunu solumaktan kaçının.

ç) Biber dilimlerini buzdolabında, ara sıra karıştırarak 18 saat limonlu suda bekletin (12 ila 24 saat kullanılabilir). Islatılmış biber halkalarından kireç çözeltisini boşaltın.

d) Biberleri nazikçe ama iyice suyla durulayın. Biber halkalarını temiz soğuk suyla doldurun ve buzdolabında 1 saat bekletin. Biberlerin suyunu boşaltın. Durulama, ıslatma ve boşaltma adımlarını iki kez daha tekrarlayın. Sonunda iyice boşaltın.

e) Her bir litrelik sıcak kavanozun dibine 1 çorba kaşığı hardal tohumu ve 1-1/2 çay kaşığı kereviz tohumu koyun. Süzülmüş biber halkalarını kavanozlara koyun ve 1/2 inçlik boşluk bırakın. Elma sirkesini, 1-3/4 su bardağı suyu ve konserve tuzunu yüksek ateşte kaynatın. Kavanozlardaki biber halkalarının üzerine sıcak tuzlu su çözeltisini kaynatıp 1/2 inçlik bir boşluk bırakarak kepçeyle dökün.

f) Hava kabarcıklarını giderin ve gerekirse üst boşluğu ayarlayın. Kavanozların kenarlarını nemli, temiz bir kağıt havluyla silin.

g) Kapakları ayarlayın ve işlemi yapın.

44. Sarı Biber Turşusu

İÇİNDEKİLER:

- 2-1/2 ila 3 lbs. sarı (muz) biber
- 2 Yemek kaşığı kereviz tohumu
- 4 Yemek kaşığı hardal tohumu
- 5 su bardağı elma sirkesi (%5)
- 1-1/4 su bardağı su
- 5 çay kaşığı konserve tuzu

TALİMATLAR:

a) Biberleri iyice yıkayın ve sap ucunu çıkarın; Biberleri 1/4-inç kalınlığında halkalar halinde dilimleyin. Her bir boş sıcak kavanozun dibine 1/2 yemek kaşığı kereviz tohumu ve 1 yemek kaşığı hardal tohumu koyun.

b) Biber halkalarını kavanozlara doldurun ve 1/2 inçlik boşluk bırakın. 4 litrelik Hollanda fırını veya tenceresinde elma sirkesini, suyu ve tuzu birleştirin; kaynamaya kadar ısıtın. Biber halkalarını kaynar dekapaj sıvısıyla kaplayın ve 1/2 inçlik boşluk bırakın.

c) Hava kabarcıklarını giderin ve gerekirse üst boşluğu ayarlayın. Kavanozların kenarlarını nemli, temiz bir kağıt havluyla silin.

ç) Kapakları ayarlayın ve işlemi yapın.

45.Turşu Tatlı Yeşil Domates

İÇİNDEKİLER:

- 10 ila 11 lbs. yeşil domates
- 2 su bardağı dilimlenmiş soğan
- 1/4 bardak konserve veya dekapaj tuzu
- 3 su bardağı esmer şeker
- 4 su bardağı sirke (%5)
- 1 Yemek kaşığı hardal tohumu
- 1 Yemek kaşığı yenibahar
- 1 Yemek kaşığı kereviz tohumu
- 1 Yemek kaşığı bütün karanfil

TALİMATLAR:

a) Domatesleri ve soğanları yıkayıp dilimleyin. Kaseye yerleştirin, 1/4 bardak tuz serpin ve 4 ila 6 saat bekletin. Boşaltmak. Şekeri sirke içinde çözünene kadar ısıtın ve karıştırın.

b) Hardal tohumu, yenibahar, kereviz tohumu ve karanfilleri bir baharat torbasına bağlayın. Domates ve soğanla birlikte sirkeye ekleyin. Gerekirse parçaları kaplayacak kadar minimum su ekleyin. Kaynatın ve yanmayı önlemek için gerektiği kadar karıştırarak 30 dakika pişirin. Domatesler uygun şekilde pişirildiğinde yumuşak ve şeffaf olmalıdır.

c) Baharat torbasını çıkarın. Sıcak kavanozu katı maddelerle doldurun ve üstte 1/2 inç boşluk bırakarak sıcak dekapaj solüsyonuyla kapatın.

ç) Hava kabarcıklarını giderin ve gerekirse üst boşluğu ayarlayın. Kavanozların kenarlarını nemli, temiz bir kağıt havluyla silin.

d) Kapakları ayarlayın ve işlemi yapın.

46.Ekmek ve Tereyağlı Kabak Turşusu

İÇİNDEKİLER:

- 16 su bardağı taze kabak, dilimlenmiş
- 4 bardak soğan, ince dilimlenmiş
- 1/2 bardak konserve veya dekapaj tuzu
- 4 bardak beyaz sirke (%5)
- 2 su bardağı şeker
- 4 Yemek kaşığı hardal tohumu
- 2 Yemek kaşığı kereviz tohumu
- 2 çay kaşığı öğütülmüş zerdeçal

TALİMATLAR:

a) Kabak ve soğan dilimlerini 1 inç su ve tuzla kaplayın. 2 saat bekletin ve iyice süzün. Sirke, şeker ve baharatları birleştirin. Kaynatın ve kabak ve soğanı ekleyin. 5 dakika pişirin ve sıcak kavanozları karışım ve dekapaj solüsyonuyla doldurun ve üstte 1/2 inç boşluk bırakın.

b) Hava kabarcıklarını giderin ve gerekirse üst boşluğu ayarlayın. Kavanozların kenarlarını nemli, temiz bir kağıt havluyla silin.

c) Kapakları ayarlayın ve işlemi yapın .

47.Tatlı Turşu Salatalık

İÇİNDEKİLER:

- 3-1/2 lbs. salatalık turşusu
- dilimlenmiş salatalıkların üzerini kaplayacak kadar kaynar su
- 4 bardak elma sirkesi (%5)
- 1 bardak su
- 3 bardak Splenda
- 1 Yemek kaşığı konserve tuzu
- 1 Yemek kaşığı hardal tohumu
- 1 Yemek kaşığı bütün yenibahar
- 1 Yemek kaşığı kereviz tohumu
- 4 adet bir inçlik tarçın çubuğu

TALİMATLAR:

a) Salatalıkları yıkayın. Çiçeğin uçlarının 1/16 inçlik kısmını dilimleyin ve atın. Salatalıkları 1/4 inç kalınlığında dilimler halinde dilimleyin. Salatalık dilimlerinin üzerine kaynar su dökün ve 5 ila 10 dakika bekletin.

b) Sıcak suyu boşaltın ve salatalıkların üzerine soğuk su dökün. Salatalık dilimlerinin üzerinden sürekli olarak soğuk su akıtın veya salatalıklar soğuyana kadar suyu sık sık değiştirin. Dilimleri iyice süzün.

c) Sirkeyi, 1 bardak suyu, Splenda®'yı ve tüm baharatları 10 litrelik Hollanda fırınında veya tencerede karıştırın. Kaynatın. Süzülmüş salatalık dilimlerini kaynayan sıvıya dikkatlice ekleyin ve tekrar kaynatın.

ç) İsterseniz her boş sıcak kavanoza bir tarçın çubuğu yerleştirin. Sıcak turşu dilimlerini sıcak bira bardağı kavanozlarına doldurun ve 1/2 inçlik boşluk bırakın. 1/2-inç boşluk bırakarak, kaynar dekapaj tuzlu suyuyla örtün.

d) Hava kabarcıklarını giderin ve gerekirse üst boşluğu ayarlayın. Kavanozların kenarlarını nemli, temiz bir kağıt havluyla silin.

e) Kapakları ayarlayın ve işlemi yapın.

48.Dilimlenmiş Dereotu Turşusu

İÇİNDEKİLER:
- 4 lbs. (3-5 inç) salatalık turşusu
- 6 su bardağı sirke (%5)
- 6 su bardağı şeker
- 2 yemek kaşığı konserve veya salamura tuzu
- 1-1/2 çay kaşığı kereviz tohumu
- 1-1/2 çay kaşığı hardal tohumu
- 2 büyük soğan, ince dilimlenmiş
- 8 baş taze dereotu

TALİMATLAR:
a) Salatalıkları yıkayın. Çiçek ucunun 1/16 inçlik dilimini kesin ve atın. Salatalıkları 1/4-inç dilimler halinde kesin. Sirke, şeker, tuz, kereviz ve hardal tohumlarını büyük tencerede birleştirin. Karışımı kaynama noktasına getirin.

b) Her bir yarım litrelik sıcak kavanozun dibine 2 dilim soğan ve 1/2 dereotu başlığı koyun. Sıcak kavanozları salatalık dilimleriyle doldurun ve 1/2 inçlik boşluk bırakın.

c) Üzerine 1 dilim soğan ve 1/2 dereotu ekleyin. Sıcak dekapaj solüsyonunu salatalıkların üzerine dökün ve 1/4 inçlik bir boşluk bırakın.

ç) Hava kabarcıklarını giderin ve gerekirse üst boşluğu ayarlayın. Kavanozların kenarlarını nemli, temiz bir kağıt havluyla silin.

d) Kapakları ayarlayın ve işlemi yapın.

49. Dilimlenmiş Tatlı Turşu

İÇİNDEKİLER:
- 4 lbs. (3-4 inç) salatalık turşusu

BRINING ÇÖZÜMÜ:
- 1 litre damıtılmış beyaz sirke (%5)
- 1 yemek kaşığı konserve veya salamura tuzu
- 1 Yemek kaşığı hardal tohumu
- 1/2 su bardağı şeker

KONSERVE ŞURUBU:
- 1-2/3 bardak damıtılmış beyaz sirke (%5)
- 3 su bardağı şeker
- 1 Yemek kaşığı bütün yenibahar
- 2-1/4 çay kaşığı kereviz tohumu

TALİMATLAR:
a) Salatalıkları yıkayın ve çiçek ucunun 1/16 inçlik kısmını kesin ve atın. Salatalıkları 1/4 inçlik dilimler halinde kesin. Konserve şurubu için tüm malzemeleri bir tencerede birleştirin ve kaynamaya bırakın. Şurubu kullanılıncaya kadar sıcak tutun.

b) Büyük bir su ısıtıcısında, brining solüsyonu için gerekli malzemeleri karıştırın. Kesilmiş salatalıkları ekleyin, üzerini kapatın ve salatalıkların rengi parlaktan donuk yeşile dönene kadar (yaklaşık 5 ila 7 dakika) pişirin. Salatalık dilimlerini boşaltın.

c) Sıcak kavanozları doldurun ve 1/2 inçlik boşluk bırakarak sıcak konserve şurubu ile örtün.

ç) Hava kabarcıklarını giderin ve gerekirse üst boşluğu ayarlayın. Kavanozların kenarlarını nemli, temiz bir kağıt havluyla silin.

d) Kapakları ayarlayın ve işlemi yapın.

KARIŞIK SEBZE TURŞULARI

50.Piccalilli

İÇİNDEKİLER:
- 6 su bardağı doğranmış yeşil domates
- 1 1/2 bardak yeşil biberler, doğranmış
- 7 1/2 su bardağı doğranmış lahana
- 1/2 su bardağı turşu tuzu
- 1 1/2 bardak tatlı kırmızı biber, doğranmış
- 2 1/4 bardak doğranmış soğan
- 3 yemek kaşığı bütün karışık dekapaj baharatı
- 4 1/2 bardak %5 sirke
- 3 su bardağı esmer şeker

TALİMATLAR:
a) Sebzeleri 1/2 bardak tuzla atın.
b) Sıcak suyla örtün ve 12 saat bekletin. Boşaltmak.
c) Baharatları bir baharat torbasına bağlayın ve birleşik sirke ve şekeri ekleyin ve kaynatın.
ç) Sebzeleri ekleyin ve 30 dakika boyunca yavaşça kaynatın; baharat torbasını çıkarın.
d) Sıcak steril kavanozları sıcak karışımla doldurun ve 1/2 inçlik boşluk bırakın.
e) Hava kabarcıklarını serbest bırakın.
f) Kavanozları sıkıca kapatın, ardından su banyosunda 5 dakika ısıtın.

51.Turşu Karışık Sebze

İÇİNDEKİLER:
- 4 lbs. 4 ila 5 inç salatalık turşusu
- 2 lbs. soyulmuş ve dörde bölünmüş küçük soğan
- 4 bardak kesilmiş kereviz (1 inçlik parçalar)
- 2 su bardağı soyulmuş ve kesilmiş havuç (1/2-inç parçalar)
- 2 su bardağı kesilmiş tatlı kırmızı biber (1/2-inç parçalar)
- 2 su bardağı karnabahar f
- 5 su bardağı beyaz sirke (%5)
- 1/4 bardak hazırlanmış hardal
- 1/2 bardak konserve veya dekapaj tuzu
- 3-1/2 su bardağı şeker
- 3 Yemek kaşığı kereviz tohumu
- 2 Yemek kaşığı hardal tohumu
- 1/2 çay kaşığı bütün karanfil
- 1/2 çay kaşığı öğütülmüş zerdeçal

TALİMATLAR:
a) Sebzeleri birleştirin, 2 inç küp veya kırılmış buzla kaplayın ve 3 ila 4 saat buzdolabında saklayın.
b) 8 litrelik su ısıtıcısında sirke ve hardalı birleştirin ve iyice karıştırın.
c) Tuz, şeker, kereviz tohumu, hardal tohumu, karanfil, zerdeçal ekleyin. Kaynatın. Sebzeleri boşaltın ve sıcak dekapaj çözeltisine ekleyin.
ç) Kapağını kapatıp yavaş yavaş kaynamaya bırakın. Sebzeleri boşaltın ancak dekapaj solüsyonunu saklayın. Sebzeleri sıcak steril bira bardağı kavanozlarına veya sıcak litrelere, 1/2 inçlik bir boşluk bırakarak doldurun. 1/2-inç boşluk bırakarak dekapaj solüsyonu ekleyin.
d) Hava kabarcıklarını giderin ve gerekirse üst boşluğu ayarlayın. Kavanozların kenarlarını nemli, temiz bir kağıt havluyla silin.
e) Kapakları ayarlayın ve işlemi yapın.

52. Giardiniera

İÇİNDEKİLER:

- 1 su bardağı karnabahar çiçeği
- 1 bardak havuç çubukları
- 1 bardak kereviz, dilimlenmiş
- 1 bardak biber, dilimlenmiş
- 3 diş sarımsak, kıyılmış
- 1 yemek kaşığı kurutulmuş kekik
- 1 çay kaşığı kırmızı biber gevreği
- 2 su bardağı beyaz sirke
- 1 bardak su
- 2 yemek kaşığı tuz
- 2 yemek kaşığı şeker

TALİMATLAR:

a) Büyük, temiz bir kavanoza karnabaharı, havucu, kerevizi, dolmalık biberi ve kıyılmış sarımsağı katlayın.

b) Bir tencerede beyaz sirke, su, tuz, şeker, kekik ve kırmızı pul biberi birleştirin. Tuz ve şeker eriyene kadar karıştırarak kaynatın.

c) Sıcak salamurayı kavanozdaki sebzelerin üzerine dökün ve tamamen suya batmalarını sağlayın.

ç) Giardiniera'nın oda sıcaklığına soğumasını bekleyin, ardından kavanozu kapatın ve soğutun.

d) Zamanla tatları gelişecektir ve buzdolabında birkaç hafta saklanabilir.

53.Tatlı ve Baharatlı Karışık Turşu

İÇİNDEKİLER:
- 2 su bardağı havuç, jülyen doğranmış
- 1 su bardağı karnabahar çiçeği
- 1 su bardağı yeşil fasulye, doğranmış
- 1 bardak biber, dilimlenmiş
- 1 su bardağı soğan, ince dilimlenmiş
- 1 su bardağı beyaz sirke
- 1 su bardağı şeker
- 1 yemek kaşığı hardal tohumu
- 1 çay kaşığı zerdeçal
- 1 çay kaşığı kırmızı pul biber
- 1 yemek kaşığı zencefil, rendelenmiş
- 1 yemek kaşığı tuz

TALİMATLAR:
a) Büyük bir kapta havuç, karnabahar, yeşil fasulye, dolmalık biber ve soğanı karıştırın.
b) Bir tencerede beyaz sirke, şeker, hardal tohumu, zerdeçal, kırmızı pul biber, zencefil ve tuzu birleştirin. Şeker eriyene kadar karıştırarak kaynatın.
c) Sıcak baharatlı sirkeyi sebzelerin üzerine dökün ve iyice karıştırın.
ç) Temiz kavanozlara aktarmadan önce turşunun soğumasını bekleyin. Mühürleyin ve soğutun.
d) Bu tatlı ve baharatlı karışık turşu, bir veya iki gün sonra tüketilmeye hazır hale gelir ve buzdolabında birkaç hafta saklanabilir.

54.Akdeniz Turşusu Sebzeleri

İÇİNDEKİLER:
- 2 su bardağı kiraz domates, ikiye bölünmüş
- 1 bardak salatalık, dilimlenmiş
- 1 su bardağı kırmızı soğan, ince dilimlenmiş
- 1 su bardağı Kalamata zeytini
- 1 bardak enginar kalbi, dörde bölünmüş
- 4 diş sarımsak, dilimlenmiş
- 1 yemek kaşığı kurutulmuş kekik
- 1 çay kaşığı kurutulmuş kekik
- 1 su bardağı kırmızı şarap sirkesi
- 1 su bardağı sızma zeytinyağı
- Tatmak için tuz ve karabiber

TALİMATLAR:
a) Büyük bir kapta kiraz domatesleri, salatalıkları, kırmızı soğanları, zeytinleri, enginar kalplerini ve sarımsağı birleştirin.
b) Ayrı bir kapta kırmızı şarap sirkesi, zeytinyağı, kekik, kekik, tuz ve karabiberi birlikte çırpın.
c) Sosu sebzelerin üzerine dökün ve iyice kaplanana kadar fırlatın.
ç) Karışımı temiz bir kavanoza aktarın, kapatın ve soğutun.
d) Servis yapmadan önce tatların birkaç saat erimesine izin verin.

55.Keskin Asya Turşusu Sebzeleri

İÇİNDEKİLER:
- 2 su bardağı havuç, jülyen doğranmış
- 1 bardak daikon turp, ince dilimlenmiş
- 1 su bardağı salatalık, ince dilimlenmiş
- 1 bardak kırmızı dolmalık biber, dilimlenmiş
- 3 diş sarımsak, kıyılmış
- 1 yemek kaşığı zencefil, rendelenmiş
- 1 bardak pirinç sirkesi
- 1/4 bardak soya sosu
- 2 yemek kaşığı şeker
- 1 çay kaşığı susam yağı
- 1 çay kaşığı kırmızı biber gevreği

TALİMATLAR:
a) Büyük bir kapta havuç, daikon turpu, salatalık, kırmızı dolmalık biber, sarımsak ve zencefili karıştırın.
b) Bir tencerede pirinç sirkesini, soya sosunu, şekeri, susam yağını ve kırmızı pul biberi birleştirin. Şeker eriyene kadar ısıtın.
c) Sıcak karışımı sebzelerin üzerine dökün ve kaplayın.
ç) Temiz kavanozlara aktarmadan önce turşunun soğumasını bekleyin. Mühürleyin ve soğutun.
d) Bu Asya esintili turşu, garnitür olarak veya pirinç ve erişte yemeklerinin üzerine ek olarak harikadır.

56.Hint Karışık Turşusu (Achaar)

İÇİNDEKİLER:

- 2 su bardağı havuç, doğranmış
- 1 su bardağı yeşil fasulye, doğranmış
- 1 bardak çiğ mango, doğranmış
- 1 bardak limon, dilimlenmiş
- 1 su bardağı kırmızı biber, dilimlenmiş
- 1/2 su bardağı hardal yağı
- 2 yemek kaşığı hardal tohumu
- 1 yemek kaşığı çemen otu tohumu
- 1 yemek kaşığı rezene tohumu
- 1 yemek kaşığı zerdeçal
- 1 yemek kaşığı kırmızı toz biber
- 1 yemek kaşığı tuz

TALİMATLAR:

a) Büyük bir kapta havuç, yeşil fasulye, çiğ mango, misket limonu ve kırmızı biberleri birleştirin.

b) Bir tavada hardal yağını duman çıkmaya başlayıncaya kadar ısıtın. Hafifçe soğumasına izin verin.

c) Ayrı bir tavada hardal tohumlarını, çemen otu tohumlarını ve rezene tohumlarını kokusu çıkana kadar kavurun. Bunları kaba bir toz haline getirin.

ç) Öğütülmüş baharat tozunu zerdeçal, kırmızı biber tozu ve tuzla karıştırın. Bu karışımı sebzelere ekleyin.

d) Hafifçe soğutulmuş hardal yağını sebze ve baharat karışımının üzerine dökün. İyice karıştırın.

e) Turşuyu temiz kavanozlara aktarın, sıkıca kapatın ve tüketmeden önce birkaç gün olgunlaşmasını bekleyin.

BİR ÇEŞİT YÖRESEL KORE YEMEĞİ

57.Napa Lahana Kimçisi

İÇİNDEKİLER:

- 1 napa lahanası, çapraz olarak 2 inçlik parçalar halinde kesilmiş
- ½ orta boy daikon turp, soyulmuş ve uzunlamasına dörde bölünmüş,
- daha sonra ½ inç kalınlığında parçalar halinde
- 2 yemek kaşığı deniz tuzu
- ½ bardak su
- 2 inç uzunluğa dilimlenmiş 2 yeşil soğan
- 3 diş sarımsak, kıyılmış
- 1 yemek kaşığı rendelenmiş taze zencefil
- 1 yemek kaşığı Kore biber tozu

TALİMATLAR:

a) Lahana ve dakon parçalarını geniş bir karıştırma kabına yerleştirin.
b) Tuzu ve suyu ayrı küçük bir kaseye koyun; çözünene kadar karıştırın. Sebzelerin üzerine dökün. Yumuşaması için gece boyunca oda sıcaklığında bekletin.
c) Ertesi gün sebzelerin ıslatıldığı tuzlu suyu ayırıp süzün. Yeşil soğanı, sarımsağı, zencefili ve kırmızı biber tozunu lahana karışımına ekleyin ve iyice karıştırın.
ç) Karışımı ½ galonluk kapaklı bir cam kavanoza sıkıca doldurun. Kaydedilen tuzlu suyu kavanozun içine dökün ve üstte 1 inç boşluk bırakın. Kapağı sıkıca kapatın.
d) Kavanozu 2 ila 3 gün boyunca serin ve karanlık bir yerde bırakın (sıcaklığa ve kimçinizi ne kadar turşu ve fermente istediğinize bağlı olarak). Açtıktan sonra buzdolabında saklayın.
e) Buzdolabında birkaç hafta saklanacak.

58.Çin Lahanası ve Bok Choy Kimchi

İÇİNDEKİLER:
- 3 yemek kaşığı rafine edilmemiş iri deniz tuzu veya 1½ yemek kaşığı ince deniz tuzu
- 3 bardak filtrelenmiş, klorsuz su
- 1 pound Çin lahanası, iri kıyılmış
- 3 baş bebek Çin lahanası, iri kıyılmış
- 4 turp, iri doğranmış
- 1 küçük soğan
- 3 diş sarımsak
- 1 2 inçlik parça zencefil
- 3 biber

TALİMATLAR:

a) Tuzlu suyu oluşturmak için tuz eriyene kadar su ve deniz tuzunu karıştırın. Bir kenara koyun.
b) Lahanayı, Çin lahanasını ve turpları irice doğrayın. Karıştırın ve küçük bir tencereye veya kaseye yerleştirin.
c) Salamurayı sebze karışımının üzerine kaplanana kadar dökün.
ç) Güveç veya kasenin içine sığacak bir tabak yerleştirin ve onu gıdaya uygun ağırlıklar, bir kavanoz veya suyla dolu başka bir kase ile tartın. Örtün ve en az 4 saat veya gece boyunca bekletin.
d) Bir macun oluşturmak için soğanı, sarımsağı, zencefili ve biberleri bir mutfak robotunda püre haline getirin.
e) Salamurayı sebzelerden boşaltın ve daha sonra kullanmak üzere saklayın. Tuzluluk açısından sebze karışımını tadın.
f) Tadı çok tuzluysa durulayın veya gerekirse bir tutam deniz tuzu ekleyin.
g) Sebzeleri ve baharat karışımını iyice birleşene kadar karıştırın.
ğ) Sebzeleri su altında tutmak için gerekirse az miktarda salamura ekleyerek küçük bir güveç veya kaseye sıkıca koyun. Sebzeleri bir tabak ve gıdaya uygun bir ağırlıkla tartın. (Ağırlık görevi görmesi için kalan tuzlu suyla doldurulmuş daha küçük bir cam veya seramik kase kullanıyorum.
h) İlave salamuraya ihtiyacınız varsa veya sebze karışımı kaseye ulaşacak kadar genişlerse aynı salamurayı içerir.) Kapağını kapatın.
ı) Yaklaşık 1 hafta veya daha keskin bir kimchi tercih ederseniz daha uzun süre fermente edin.
i) Kapaklı bir cam kaseye veya kavanoza koyun ve soğutun. Hızlı ve lezzetli bir akşam yemeği için garnitür, çeşni olarak veya erişte eriştesi üzerine kahverengi pirinç üzerine servis yapın.

59.Çin Kimçisi

İÇİNDEKİLER:

- 1 baş napa veya Çin lahanası, doğranmış
- 3 havuç, rendelenmiş
- 1 büyük daikon turp, rendelenmiş veya bir bardak küçük kırmızı turp, ince dilimlenmiş
- 1 büyük soğan, doğranmış
- 1/4 bardak dulse veya nori deniz yosunu gevreği
- 1 yemek kaşığı şili biber gevreği
- 1 yemek kaşığı kıyılmış sarımsak
- 1 yemek kaşığı kıyılmış taze zencefil
- 1 yemek kaşığı susam
- 1 yemek kaşığı şeker
- 2 çay kaşığı kaliteli deniz tuzu
- 1 çay kaşığı balık sosu

TALİMATLAR:

a) Tüm malzemeleri geniş bir kapta karıştırın ve 30 dakika bekletin.

b) Karışımı büyük bir cam kavanoza veya 2 küçük kavanoza doldurun. Sıkıca aşağı doğru bastırın.

c) Oksijeni dışarıda tutmak ve sebzeleri tuzlu suyun altında tutmak için üstüne su dolu bir Ziploc torbası koyun.

ç) Kapağını gevşek bir şekilde kapatıp en az 3 gün mayalanmaya bırakın. 3 gün sonra tadın ve tadının yeterince ekşi olup olmadığına karar verin. Bu kişisel zevk meselesi, bu yüzden beğenene kadar denemeye devam edin!

d) Tadından memnun kaldığınızda, kimchi'yi buzdolabında aylarca mutlu bir şekilde saklayabilirsiniz, eğer o kadar uzun sürerse!

60.Beyaz Kimçi

İÇİNDEKİLER:

- 1 büyük Napa lahanası (yaklaşık 2½ pound), dörde bölünmüş, sapı çıkarılmış ve 1 inçlik parçalar halinde kesilmiş
- 2 inç uzunluğunda şeritler halinde kesilmiş 1 büyük havuç
- 1 büyük siyah İspanyol turpu veya 3 kırmızı turp, jülyen doğranmış
- 1 kırmızı dolmalık biber, çekirdeği çıkarılmış, çekirdeği çıkarılmış ve jülyen doğranmış
- 3 dal yeşil soğan veya frenk soğanı, 1 inçlik parçalar halinde doğranmış
- 2 armut (ben kırmızı armut kullanıyorum ama siz elinizde ne tür varsa onu kullanabilirsiniz), sapları çıkarılmış, çekirdekleri çıkarılmış ve dörde bölünmüş
- 3 diş sarımsak, soyulmuş
- ½ küçük soğan, dörde bölünmüş
- 1 inç parça taze zencefil
- 3 yemek kaşığı rafine edilmemiş ince deniz tuzu veya 6 yemek kaşığı rafine edilmemiş iri deniz tuzu
- 6 su bardağı filtrelenmiş su

TALİMATLAR:

a) Büyük bir kapta lahana, havuç, turp, dolmalık biber ve yeşil soğanları birleştirin.

b) Armut, sarımsak, soğan ve zencefili bir mutfak robotunda birleştirin ve püre haline getirin. Armut karışımını doğranmış sebzelerin üzerine dökün. Tuzu ekleyin ve tüm sebzeleri, armut püresi ve tuzla eşit şekilde kaplanana kadar bir araya getirin.

c) Sebze karışımını geniş bir tencereye koyun ve üzerine suyu dökün.

ç) Sebzeleri örtmek ve suyun altında tutmak için kabın içine sığacak bir tabak yerleştirin.

d) Sebzeleri su altında tutmak için gıdaya uygun ağırlıklar veya suyla dolu bir cam kase veya kavanozu tabağın üzerine yerleştirin.

e) Bir kapakla örtün ve serin, bozulmamış bir yerde yaklaşık bir hafta veya istediğiniz keskinlik seviyesine ulaşana kadar saklayın.

f) Kimchi'nin bir yıla kadar dayanacağı kavanozlara veya kaseye aktarın, üzerini örtün ve soğutun.

61.Turp Kimchi

İÇİNDEKİLER:
- 2 pound Kore turpu (mu), soyulmuş ve 1 inçlik küpler halinde kesilmiş
- 2 yemek kaşığı kaba deniz tuzu
- 2 diş sarımsak, kıyılmış
- 1 çay kaşığı zencefil, rendelenmiş
- 2 yemek kaşığı Kore kırmızı biber gevreği (gochugaru)
- 1 yemek kaşığı balık sosu (umami aroması için isteğe bağlı)
- 1 yemek kaşığı soya sosu (isteğe bağlı, daha fazla lezzet derinliği için)
- 1 yemek kaşığı şeker
- 4 yeşil soğan, doğranmış
- 1 küçük havuç, jülyen doğranmış (isteğe bağlı)

TALİMATLAR:

a) Turp küplerini geniş bir karıştırma kabına yerleştirin. Tuzu turpların üzerine serpin ve eşit şekilde kaplayacak şekilde fırlatın. Nemini serbest bırakmak için yaklaşık 30 dakika bekletin.

b) Fazla tuzu gidermek için turp küplerini soğuk su altında durulayın. İyice süzün ve temiz, kuru bir kaba aktarın.

c) Ayrı bir kapta kıyılmış sarımsak, rendelenmiş zencefil, Kore kırmızı pul biberi, balık sosu (kullanılıyorsa), soya sosu (kullanılıyorsa) ve şekeri birleştirin. Macun benzeri bir karışım oluşturmak için iyice karıştırın.

ç) Macunu turp küplerine ekleyin ve turpları baharatla eşit şekilde kaplayacak şekilde fırlatın. Yeşil soğanları ve havuçları (kullanılıyorsa) ekleyin ve her şeyi karıştırın.

d) Baharatlı turp karışımını temiz bir cam kavanoza sıkıca koyun ve hava ceplerini çıkarmak için aşağı doğru bastırın. Üstte yaklaşık bir inç boşluk bırakın.

e) Kavanozu bir kapakla kapatın ancak fermantasyon sırasında gazın kaçmasına izin vermek için kapağını sıkıca kapatmayın. Kavanozu dolap veya kiler gibi serin ve karanlık bir yere koyun ve 2 ila 5 gün boyunca mayalanmasını bekleyin. Kimchiyi her gün kontrol edin ve turpların oluşacak sıvının içinde kalmasını sağlamak için temiz bir kaşıkla bastırın.

f) İstediğiniz fermantasyon seviyesini kontrol etmek için 2 gün sonra kimchiyi tadın. Tercih ettiğiniz keskin ve hafif ekşi tadı geliştirdiyse, fermantasyon sürecini yavaşlatmak için kavanozu buzdolabına aktarın. Aksi takdirde istediğiniz tada ulaşana kadar birkaç gün daha fermantasyona devam edin.

g) Turp kimchisinin tadını hemen çıkarabilirsiniz, ancak buzdolabında fermente edildikçe lezzet geliştirmeye devam edecektir. Buzdolabında birkaç hafta saklanabilir.

62.Salatalıklı Hızlı Kimchi

İÇİNDEKİLER:
- 2 salatalık, ince dilimlenmiş
- 1 yemek kaşığı deniz tuzu
- 1 yemek kaşığı rendelenmiş zencefil
- 2 diş sarımsak, kıyılmış
- 2 yemek kaşığı pirinç sirkesi
- 1 yemek kaşığı şeker
- 1 yemek kaşığı Kore kırmızı biber gevreği (gochugaru)

TALİMATLAR:
a) Salatalık dilimlerini deniz tuzu ile karıştırın ve 30 dakika bekletin. Fazla suyu boşaltın.

b) Kimchi ezmesini oluşturmak için bir kasede zencefil, sarımsak, pirinç sirkesi, şeker ve kırmızı biber gevreğini karıştırın.

c) Salatalık dilimlerini bu macunla kaplayın ve bir kavanoza koyun. Servis yapmadan önce en az 2 saat buzdolabında bekletin.

63.Vegan Kimçi

İÇİNDEKİLER:

- 1 orta boy Napa lahanası
- 1 bardak Kore turpu (mu), jülyen doğranmış
- 1/2 bardak Kore kaba deniz tuzu
- 1 yemek kaşığı rendelenmiş zencefil
- 4 diş sarımsak, kıyılmış
- 3 yemek kaşığı soya sosu
- 2 yemek kaşığı şeker
- 1 yemek kaşığı Kore kırmızı biber gevreği (gochugaru)

TALİMATLAR:

a) Napa lahanasını ısırık büyüklüğünde parçalar halinde kesin ve Kore turpunu julienne yapın.

b) Büyük bir kapta lahana ve turpları Kore kaba deniz tuzu ile serpin. Eşit kaplama sağlamak için iyice atın. Ara sıra çevirerek yaklaşık 2 saat bekletin.

c) Fazla tuzu gidermek için lahanayı ve turpu soğuk su altında iyice durulayın. Drenaj yapın ve bir kenara koyun.

ç) Ayrı bir kapta rendelenmiş zencefil, kıyılmış sarımsak, soya sosu, şeker ve Kore kırmızı pul biberini (gochugaru) karıştırarak bir macun oluşturun.

d) Lahana ve turpları iyice kaplayacak şekilde macunla kaplayın.

e) Karışımı temiz, hava geçirmez bir kaba aktarın ve hava kabarcıklarını çıkarmak için aşağı doğru bastırın. Fermantasyona izin vermek için üstte biraz boşluk bırakın.

f) Kabı kapatın ve oda sıcaklığında yaklaşık 2-3 gün mayalanmasını bekleyin. Daha sonra buzdolabında saklayın.

64.Baechu Kimchi (Bütün Lahana Kimchi)

İÇİNDEKİLER:
- 1 bütün Napa lahanası
- 1 bardak Kore turpu (mu), jülyen doğranmış
- 1/2 bardak Kore kaba deniz tuzu
- 1 bardak su
- 1 yemek kaşığı rendelenmiş zencefil
- 5 diş sarımsak, kıyılmış
- 3 yemek kaşığı balık sosu
- 2 yemek kaşığı soya sosu
- 2 yemek kaşığı şeker
- 2 yemek kaşığı Kore kırmızı biber gevreği (gochugaru)

TALİMATLAR:
a) Napa lahanasının tamamını uzunlamasına ikiye bölün ve ardından her bir yarıyı üçe bölün. Bu altı parçayla sonuçlanacaktır.

b) Kore kaba deniz tuzunu bir bardak suda eritin. Lahanayı ve Kore turpunu bu tuzlu su karışımına cömertçe serpin, yaprakların arasına girdiğinden emin olun. Ara sıra çevirerek yaklaşık 2 saat bekletin.

c) Fazla tuzu gidermek için lahanayı ve turpu soğuk su altında iyice durulayın. Drenaj yapın ve bir kenara koyun.

ç) Bir kasede rendelenmiş zencefil, kıyılmış sarımsak, balık sosu, soya sosu, şeker ve Kore kırmızı pul biberini (gochugaru) karıştırarak bir macun oluşturun.

d) Her bir lahana yaprağını ve turp parçasını macunla kaplayın ve iyice kaplandıklarından emin olun.

e) Tüm lahana şeklini yeniden oluşturmak için lahana parçalarını tekrar bir araya getirin.

f) Bütün lahanayı temiz, hava geçirmez bir kaba aktarın, hava kabarcıklarını çıkarmak için aşağı doğru bastırın. Fermantasyona izin vermek için üstte biraz boşluk bırakın.

g) Kabı kapatın ve oda sıcaklığında yaklaşık 2-3 gün mayalanmasını bekleyin. Daha sonra buzdolabında saklayın.

65.Salatalık Kimchi/Oi- Sobagi

İÇİNDEKİLER:
SALAMURA
- 15 bebek salatalık (1,5 kg/3 lb 5 oz)
- 100 gr (3½ oz) iri deniz tuzu, ayrıca salatalıkları temizlemek için ekstra
- 1 litre (4 su bardağı) su

MARİNA
- 60 gr (2¼ oz) pirinç unu

ÇORBA
- 80 gr (2¾ oz) frenk soğanı
- 2 adet taze soğan (yeşil soğan)
- 50 gr (1¾ oz) diş sarımsak
- 50 gr (1¾ oz) gochugaru toz biber
- 50 gr (1¾ oz) fermente hamsi sosu
- Deniz tuzu

TALİMATLAR:

a) Bebek salatalıkları hazırlayın: uçlarını 5 mm (¼ inç) kesin ve soğuk su altında yıkayın, derideki yabancı maddeleri çıkarmak için kaba tuzla ovalayın. Büyük bir kaseye koyun. Kaba deniz tuzunu karıştırın

b) 1 litre (4 su bardağı) suyu tuz eriyene kadar kaynattıktan sonra salatalıkların üzerine dökün. Salatalıkları her 90 dakikada bir yukarıdan aşağıya doğru çevirerek 5 ila 8 saat bekletin. Salamuranın tamamlanıp tamamlanmadığını kontrol etmek için bir salatalığı yavaşça katlayın. Esnek olmalı ve kırılmadan bükülmelidir. Salatalıkları iki kez temiz suyla yıkayın ve kurulayın.

c) Pirinç unu çorbasını bir kaseye koyarak turşuyu hazırlayın. Frenk soğanı yıkayıp 1 cm (½ inç) parçalar halinde kesin. Taze soğan soğanlarını kibrit çöpleri ve saplarını uzunlamasına ikiye, ardından 1 cm (½ inç) parçalar halinde kesin. Sarımsakları ezin. Sebzeleri pirinç unu çorbasıyla karıştırıp gochugaru ve fermente hamsi sosunu ekleyin. Gerekirse deniz tuzu ile baharatlamayı tamamlayın.

ç) Salatalıkları kesin. Bunu yapmak için, her salatalığı bir tahtaya yerleştirin ve bıçağın ucunu uçtan 1 cm (½ inç) uzağa yerleştirip yavaşça keserek iki parçaya bölün. Bıçağın bıçağı tahtaya temas ettiğinde salatalığı tutun, çevirin ve iyice ayırmak için bıçağı yukarı doğru hareket ettirin. Salatalıkların hala tabana bağlı dört çubuk halinde kesilmesi için ikinci tarafta da aynısını yapın. Her salatalığı 1 veya 2 tutam turşuyla doldurun. Marine edilmiş turşuyu salatalıkların dışına da sürün.

d) Hava geçirmez bir kabı salatalıklarla %70 oranında doldurun, bunları güzelce düz bir şekilde yerleştirin ve birkaç kat yapın. Plastik ambalajla örtün ve kapağı sıkıca kapatın. Oda sıcaklığında 24 saat güneş ışığından uzakta beklettikten sonra buzdolabında saklayın. Bu kimchi ertesi günden itibaren taze olarak yenebilir veya fermente edilebilir. Salatalıklar yaklaşık 2 ay boyunca çıtır kalacaktır.

66. Beyaz Turp Kimchi/ Kkakdugi

İÇİNDEKİLER:
SALAMURA
- 1,5 kg (3 lb 5 oz) soyulmuş beyaz turp (daikon), siyah turp veya şalgam
- 40 gr (1½ oz) kaba deniz tuzu
- 50 gr (1¾ oz) şeker
- 250 ml (1 su bardağı) maden suyu

MARİNA
- 60 gr (2¼ oz) gochugaru toz biber
- 110 gr (3¾ oz) sade (çok amaçlı) un çorbası
- ½armut
- ½soğan
- 50 gr (1¾ oz) fermente hamsi sosu
- 60 gr (2¼ oz) diş sarımsak
- 1 çay kaşığı öğütülmüş zencefil
- 5 cm (2 inç) pırasa (beyaz kısmı)
- ½ yemek kaşığı deniz tuzu 2 yemek kaşığı şeker

TALİMATLAR:

a) Turpu 1,2 cm (½ inç) kalınlığında dilimler halinde kesin, ardından her bir bölümü dörde bölün. Bunları bir kaseye koyun ve kaba deniz tuzu, şeker ve maden suyunu ekleyin. Şeker ve tuzun iyice birbirine geçmesi için elinizle iyice karıştırın. Oda sıcaklığında yaklaşık 4 saat bekletin. Turp parçaları elastik hale gelince salamura yapılır. Turp parçalarını bir kez suda durulayın. En az 30 dakika kadar süzülmelerine izin verin.

b) Marine için, gochugaru'yu soğuk sade un çorbasına karıştırın (pirinç unu çorbasıyla aynı hazırlama tekniği, sayfa 90).

c) Armut, soğan ve fermente hamsi sosunu küçük bir mutfak robotunda püre haline getirin ve gochugaru sade un karışımıyla karıştırın. Sarımsakları ezin ve öğütülmüş zencefille birlikte karışıma karıştırın. Pırasayı ince dilimler halinde kesin ve karışıma karıştırın. Baharatı deniz tuzu ve şekerle tamamlayın.

ç) Turp parçalarını turşuyla birleştirin. Hava geçirmez bir kaba yerleştirin ve %70'e kadar doldurun. Plastik ambalajla örtün ve mümkün oldüğunca fazla havayı çıkarmak için bastırın.

d) Kapağı sıkıca kapatın. Karanlıkta oda sıcaklığında 24 saat bekletin ve ardından buzdolabında 6 aya kadar saklayın.

e) Bu kimchinin tadı, iyi fermente edildiğinde en iyi halini alır, yani yaklaşık 3 hafta sonra.

67.Chive Kimchi/Pa-Kimchi

İÇİNDEKİLER:

SALAMURA
- 400 gr (14 ons) sarımsak frenk soğanı
- 50 gr (1¾ oz) fermente hamsi sosu

MARİNA
- 40 gr (1½ oz) gochugaru toz biber
- 30 gr (1 oz) pirinç unu çorbası
- ¼ armut
- ¼ soğan
- 25 gr (1 oz) diş sarımsak
- 1 yemek kaşığı konserve limon
- ½ çay kaşığı öğütülmüş zencefil
- 1 yemek kaşığı şeker

TALİMATLAR:

a) Frenk soğanı saplarını iyice yıkayıp, köklerini çıkarın. Frenk soğanı demetini, soğanları aşağı bakacak şekilde büyük bir kaseye yerleştirin. Hamsi sosunu frenk soğanlarının üzerine doğrudan en alt kısma dökün. Tüm saplar iyice nemlendirilmelidir. Sosu elinizle aşağıdan yukarıya doğru yaymaya yardımcı olun. Her 10 dakikada bir, sosu kabın dibinden sapların üstüne kadar aynı şekilde hareket ettirin ve 30 dakika boyunca bunu yapmaya devam edin.

b) Biber tozunu pirinç unu çorbasına karıştırın . Armut ve soğanı küçük bir mutfak robotunda püre haline getirin ve sarımsakları ezin. Pirinç unu çorbasıyla karıştırın. Karışımı frenk soğanı içeren kaseye dökün. Korunmuş limonu, öğütülmüş zencefili ve şekeri ekleyin. Her bir frenk soğanı sapını marine ile kaplayarak karıştırın.

c) %70'e kadar doldurarak hava geçirmez bir kaba yerleştirin. Plastik ambalajla örtün ve mümkün olduğunca fazla havayı çıkarmak için bastırın. Kapağı sıkıca kapatın. Oda sıcaklığında 24 saat karanlıkta beklettikten sonra buzdolabında 1 aya kadar saklayın.

LÂHANA TURŞUSU

68.Temel Lahana turşusu

İÇİNDEKİLER:
- 25 lbs. Lahana , durulanmış ve parçalanmış
- 3/4 bardak dekapaj tuzu

TALİMATLAR:
a) Lahanayı bir kaba koyun ve 3 yemek kaşığı tuz ekleyin.
b) Temiz eller kullanarak karıştırın.
c) Ambalaj tuz lahananın suyunu çekene kadar.
d) Plaka ve ağırlıkları ekleyin; kabı temiz bir banyo havlusuyla örtün.
e) 3 ila 4 hafta boyunca 70° ila 75°F sıcaklıkta saklayın .

69. Baharatlı Lahana Turşusu

İÇİNDEKİLER:
- 1 orta boy lahana, ince dilimlenmiş
- 1 su bardağı beyaz sirke
- 1 bardak su
- 1/4 su bardağı şeker
- 1 yemek kaşığı tuz
- 1 çay kaşığı hardal tohumu
- 1 çay kaşığı kereviz tohumu
- 1 çay kaşığı zerdeçal

TALİMATLAR:
a) Bir tencerede su, sirke, şeker, tuz, hardal tohumu, kereviz tohumu ve zerdeçalı birleştirin.
b) Karışımı kaynatın, şeker ve tuz eriyene kadar karıştırın.
c) İnce dilimlenmiş lahanayı geniş bir kaseye koyun.
ç) Sıcak salamurayı lahananın üzerine dökün ve tamamen suya batırıldığından emin olun.
d) Sterilize edilmiş bir kavanoza aktarmadan önce lahana turşusunun oda sıcaklığına soğumasını bekleyin.
e) Servis yapmadan önce en az 24 saat buzdolabında saklayın.

70.Baharatlı Asya Lahana Turşusu

İÇİNDEKİLER:
- 1 küçük lahana, doğranmış
- 1 bardak pirinç sirkesi
- 1/2 bardak soya sosu
- 2 yemek kaşığı şeker
- 2 diş sarımsak, kıyılmış
- 1 yemek kaşığı zencefil, rendelenmiş
- 1 çay kaşığı kırmızı biber gevreği

TALİMATLAR:
a) Pirinç sirkesini, soya sosunu, şekeri, kıyılmış sarımsağı, rendelenmiş zencefili ve kırmızı pul biberi bir kapta birleştirin.
b) Şeker eriyene kadar iyice karıştırın.
c) Kıyılmış lahanayı büyük bir kavanoza koyun ve üzerine sıvıyı dökün.
ç) Kavanozun ağzını kapatın ve servis etmeden önce en az 2 saat buzdolabında bekletin.

71.Elma Sirkesi Lahana Turşusu

İÇİNDEKİLER:
- 1 küçük baş kırmızı lahana, ince dilimlenmiş
- 1 su bardağı elma sirkesi
- 1/2 su bardağı su
- 2 yemek kaşığı bal
- 1 yemek kaşığı tuz
- 1 çay kaşığı bütün karabiber
- 2 adet defne yaprağı

TALİMATLAR:
a) Bir tencerede elma sirkesi, su, bal, tuz, karabiber ve defne yapraklarını birleştirin.
b) Karışımı kaynama noktasına getirin, bal ve tuz eriyene kadar karıştırın.
c) Dilimlenmiş lahanayı geniş bir kaseye koyun ve üzerine sıcak salamurayı dökün.
ç) Soğumasını bekleyin, ardından lahana turşusunu bir kavanoza aktarın ve servis yapmadan önce en az 4 saat buzdolabında saklayın.

72.Dereotu ve Sarımsak Turşusu Lahana

İÇİNDEKİLER:
- 1 orta boy yeşil lahana, doğranmış
- 1 1/2 bardak beyaz sirke
- 1 bardak su
- 3 yemek kaşığı şeker
- 2 yemek kaşığı tuz
- 3 diş sarımsak, ezilmiş
- 2 yemek kaşığı taze dereotu, doğranmış

TALİMATLAR:
a) Bir tencerede beyaz sirke, su, şeker, tuz, ezilmiş sarımsak ve doğranmış dereotu birleştirin.
b) Karışımı şeker ve tuz eriyene kadar ısıtın.
c) Kıyılmış lahanayı büyük bir kavanoza koyun ve üzerine sıcak salamurayı dökün.
ç) Soğumaya bırakın, ardından tadını çıkarmadan önce en az 12 saat buzdolabında saklayın.

73.Elma ve Havuç Lahana turşusu

İÇİNDEKİLER:
- 1 orta boy yeşil lahana, doğranmış
- 1 büyük havuç, rendelenmiş
- 1 elma, rendelenmiş
- 1 yemek kaşığı kimyon tohumu
- 1 yemek kaşığı deniz tuzu

TALİMATLAR:
a) Büyük bir kapta rendelenmiş lahana, rendelenmiş havuç, rendelenmiş elma, kimyon tohumu ve deniz tuzunu birleştirin.
b) Sebzeler suyunu bırakıncaya kadar karışıma masaj yapın.
c) Karışımı temiz bir fermantasyon kavanozuna koyun ve meyve suyuna batırıldığından emin olun.
ç) Sebzelerin suyun altında kalması için üstüne bir ağırlık koyun.
d) Kavanozun kapağını kapatın ve oda sıcaklığında 1-2 hafta mayalanmasını bekleyin.
e) Lahana turşusunun tadına bakın ve istediğiniz keskinlik seviyesine ulaştığında buzdolabında saklayın.

74.Zencefil ve Zerdeçal Lahana Turşusu

İÇİNDEKİLER:
- 1 orta boy yeşil lahana, doğranmış
- 1 yemek kaşığı taze zencefil, rendelenmiş
- 1 çay kaşığı öğütülmüş zerdeçal
- 1 yemek kaşığı deniz tuzu

TALİMATLAR:
a) Büyük bir kapta kıyılmış lahanayı, rendelenmiş zencefili, öğütülmüş zerdeçalı ve deniz tuzunu birleştirin.
b) Lahana suyunun çıkması için karışıma masaj yapın.
c) Karışımı temiz bir fermantasyon kavanozuna doldurun, suya batırıldığından emin olun ve üstüne bir ağırlık ekleyin.
ç) Kavanozun kapağını kapatın ve oda sıcaklığında 1-2 hafta mayalanmasını bekleyin.
d) Lahana turşusunun tadına bakın ve istenilen keskinliğe ulaştığında buzdolabına taşıyın.

75.Jalapeño ve Sarımsak Lahana Turşusu

İÇİNDEKİLER:
- 1 orta boy yeşil lahana, doğranmış
- 2-3 jalapeño biber, ince dilimlenmiş
- 3 diş sarımsak, kıyılmış
- 1 yemek kaşığı kimyon tohumu
- 1 yemek kaşığı deniz tuzu

TALİMATLAR:
a) Büyük bir kapta kıyılmış lahanayı, dilimlenmiş jalapeno biberini, kıyılmış sarımsağı, kimyon tohumlarını ve deniz tuzunu birleştirin.
b) Lahana suyunu salana kadar karışıma masaj yapın.
c) Karışımı temiz bir fermantasyon kavanozuna doldurun, suya batırıldığından emin olun ve üstüne bir ağırlık yerleştirin.
ç) Kavanozun kapağını kapatın ve oda sıcaklığında 1-2 hafta mayalanmasını bekleyin.
d) Lahana turşusunun tadına bakın ve istenilen keskinliğe ulaştığında buzdolabına aktarın.

76.Pancar ve Lahana Lahana Turşusu

İÇİNDEKİLER:

- 1 orta boy yeşil lahana, doğranmış
- 2 orta boy pancar, soyulmuş ve rendelenmiş
- 1 yemek kaşığı kimyon tohumu
- 1 yemek kaşığı deniz tuzu

TALİMATLAR:

a) Büyük bir kapta kıyılmış lahanayı, rendelenmiş pancarı, kimyon tohumlarını ve deniz tuzunu birleştirin.

b) Sebzeler suyunu bırakıncaya kadar karışıma masaj yapın.

c) Karışımı temiz bir fermantasyon kavanozuna doldurun, suya batırıldığından emin olun ve üstüne bir ağırlık yerleştirin.

ç) Kavanozun kapağını kapatın ve oda sıcaklığında 1-2 hafta mayalanmasını bekleyin.

d) Lahana turşusunun tadına bakın ve istenilen keskinliğe ulaştığında buzdolabına aktarın.

77.Ananaslı Jalapeño Lahana turşusu

İÇİNDEKİLER:
- 1 orta boy yeşil lahana, doğranmış
- 1 su bardağı ananas, ince doğranmış
- 2-3 jalapeño biber, ince dilimlenmiş
- 1 yemek kaşığı kimyon tohumu
- 1 yemek kaşığı deniz tuzu

TALİMATLAR:
a) Büyük bir kapta kıyılmış lahana, doğranmış ananas, dilimlenmiş jalapeno, kimyon tohumu ve deniz tuzunu birleştirin.
b) Lahana suyunu salana kadar karışıma masaj yapın.
c) Karışımı temiz bir fermantasyon kavanozuna doldurun, suya batırıldığından emin olun ve üstüne bir ağırlık yerleştirin.
ç) Kavanozun kapağını kapatın ve oda sıcaklığında 1-2 hafta mayalanmasını bekleyin.
d) Lahana turşusunun tadına bakın ve istenilen keskinliğe ulaştığında buzdolabına taşıyın.

78.Köri Kraut

İÇİNDEKİLER:
- 1 orta boy yeşil lahana, doğranmış
- 1 yemek kaşığı köri tozu
- 1 yemek kaşığı deniz tuzu

TALİMATLAR:
a) Büyük bir kapta rendelenmiş lahanayı, köri tozunu ve deniz tuzunu birleştirin.
b) Lahana suyunu salana kadar karışıma masaj yapın.
c) Karışımı temiz bir fermantasyon kavanozuna doldurun, suya batırıldığından emin olun ve üstüne bir ağırlık yerleştirin.
ç) Kavanozun kapağını kapatın ve oda sıcaklığında 1-2 hafta mayalanmasını bekleyin.
d) Lahana turşusunun tadına bakın ve istenilen keskinliğe ulaştığında buzdolabına aktarın.

79.Portakal ve Biberiye Lahana Turşusu

İÇİNDEKİLER:

- 1 orta boy yeşil lahana, doğranmış
- 1 portakalın kabuğu rendesi
- 1 yemek kaşığı taze biberiye, doğranmış
- 1 yemek kaşığı deniz tuzu

TALİMATLAR:

a) Büyük bir kapta kıyılmış lahanayı, portakal kabuğu rendesini, doğranmış biberiyeyi ve deniz tuzunu birleştirin.

b) Lahana suyunu salana kadar karışıma masaj yapın.

c) Karışımı temiz bir fermantasyon kavanozuna doldurun, suya batırıldığından emin olun ve üstüne bir ağırlık yerleştirin.

ç) Kavanozun kapağını kapatın ve oda sıcaklığında 1-2 hafta mayalanmasını bekleyin.

d) Lahana turşusunun tadına bakın ve istenilen keskinliğe ulaştığında buzdolabına taşıyın.

80.Dereotu Turşusu Lahana Turşusu

İÇİNDEKİLER:

- 1 orta boy yeşil lahana, doğranmış
- 3 yemek kaşığı taze dereotu, doğranmış
- 1 yemek kaşığı bütün hardal tohumu
- 1 yemek kaşığı deniz tuzu

TALİMATLAR:

a) Büyük bir kapta kıyılmış lahanayı, doğranmış taze dereotu, hardal tohumlarını ve deniz tuzunu birleştirin.

b) Lahana suyunu salana kadar karışıma masaj yapın.

c) Karışımı temiz bir fermantasyon kavanozuna doldurun, suya batırıldığından emin olun ve üstüne bir ağırlık yerleştirin.

ç) Kavanozun kapağını kapatın ve oda sıcaklığında 1-2 hafta mayalanmasını bekleyin.

d) Lahana turşusunun tadına bakın ve istenilen keskinliğe ulaştığında buzdolabına aktarın.

81.Dumanlı Biber Lahana Turşusu

İÇİNDEKİLER:
- 1 orta boy yeşil lahana, doğranmış
- 1 yemek kaşığı füme kırmızı biber
- 1 yemek kaşığı kimyon tohumu
- 1 yemek kaşığı deniz tuzu

TALİMATLAR:
a) Büyük bir kapta kıyılmış lahanayı, füme kırmızı biberi, kimyon tohumlarını ve deniz tuzunu birleştirin.
b) Lahana suyunu salana kadar karışıma masaj yapın.
c) Karışımı temiz bir fermantasyon kavanozuna doldurun, suya batırıldığından emin olun ve üstüne bir ağırlık yerleştirin.
ç) Kavanozun kapağını kapatın ve oda sıcaklığında 1-2 hafta mayalanmasını bekleyin.
d) Lahana turşusunun tadına bakın ve istenilen keskinliğe ulaştığında buzdolabına aktarın.

TURŞU HATLAR VE LEZZETLER

82. Chayote P kulak Relish

İÇİNDEKİLER:
- 2 su bardağı doğranmış kırmızı dolmalık biber
- 1 çay kaşığı öğütülmüş balkabağı turtası baharatı
- 2 çay kaşığı konserve tuzu
- 3 su bardağı doğranmış soğan
- 3 1/2 su bardağı soyulmuş, küp şeklinde Seckel armut
- 3 1/2 bardak chayote, soyulmuş, çekirdeği çıkarılmış ve küp şeklinde doğranmış
- 2 Serrano biberi, doğranmış
- 1 çay kaşığı öğütülmüş yenibahar
- 1 1/2 su bardağı su
- 1 su bardağı beyaz şeker
- 2 1/2 bardak elma şarabı %5 sirke
- 2 su bardağı doğranmış sarı dolmalık biber

TALİMATLAR:
a) Hollandalı bir fırında sirke, su, şeker, tuz ve baharatları kaynatın.
b) Doğranmış soğan ve biberleri ekleyin; ara sıra hareket ederek 2 dakika kaynatın.
c) C hayote ve armut ekleyin.
ç) Kepçe katıları 1 inçlik boşluk bırakarak kavanozlara koyun.
d) boşluk bırakarak pişirme sıvısını doldurun.
e) Hava kabarcıklarını serbest bırakın.
f) Kavanozları sıkıca kapatın, ardından su banyosunda 5 dakika ısıtın.

83. Keskin Tomatillo Relish

İÇİNDEKİLER:
- 12 su bardağı doğranmış tomatillo
- 3 bardak doğranmış jicama
- 3 su bardağı doğranmış soğan
- 6 su bardağı doğranmış erik tipi domates
- 1-1/2 bardak doğranmış yeşil dolmalık biber
- 1-1/2 su bardağı doğranmış kırmızı dolmalık biber
- 1-1/2 su bardağı doğranmış sarı dolmalık biber
- 1 su bardağı konserve tuzu
- 2 litre su
- 6 yemek kaşığı bütün karışık dekapaj baharatı
- 1 Yemek Kaşığı Ezilmiş Kırmızı Biber (İsteğe bağlı)
- 6 su bardağı şeker
- 6-1/2 bardak elma sirkesi (%5)

TALİMATLAR:
a) Domateslerin kabuklarını çıkarın ve iyice yıkayın. Jicama ve soğanı soyun. Tüm sebzeleri kesmeden ve doğramadan önce iyice yıkayın.

b) Doğranmış tomatilloları, jicama'yı, soğanı, domatesleri ve tüm biberleri 4 litrelik Hollanda fırınına veya sos tenceresine yerleştirin. Konserve tuzunu suda eritin. Hazırlanan sebzelerin üzerine dökün. Kaynamaya kadar ısıtın; 5 dakika kaynatın.

c) Tülbent kaplı bir süzgeçten iyice süzün (daha fazla su damlayana kadar, yaklaşık 15 ila 20 dakika).

ç) Temiz, çift katmanlı, 6 inç karelik bir parçaya dekapaj baharatını ve isteğe bağlı kırmızı biber göllerini yerleştirin.

84.Yeşil Domates Turşusu

İÇİNDEKİLER:

- 10 lbs. küçük, sert yeşil domatesler
- 1-1/2 lbs. kırmızı dolmalık biber
- 1-1/2 lbs. yeşil biber
- 2 lbs. soğanlar
- 1/2 bardak konserve veya dekapaj tuzu
- 1 litre su
- 4 su bardağı şeker
- 1 litre sirke (%5)
- 1/3 su bardağı hazırlanmış sarı hardal
- 2 Yemek kaşığı mısır nişastası

TALİMATLAR:

a) Domatesleri, biberleri ve soğanları yıkayıp iri rendeleyin veya doğrayın. Tuzu suda eritin ve büyük tenceredeki sebzelerin üzerine dökün. Kaynamaya kadar ısıtın ve 5 dakika pişirin. Kevgir içinde boşaltın. Sebzeleri su ısıtıcısına geri koyun.

b) Şeker, sirke, hardal ve mısır nişastasını ekleyin. Karıştırmak için karıştırın. Kaynamaya kadar ısıtın ve 5 dakika pişirin.

c) Sıcak steril bira bardağı kavanozlarını sıcak lezzetle doldurun ve 1/2 inçlik baş boşluğu bırakın.

ç) Hava kabarcıklarını giderin ve gerekirse üst boşluğu ayarlayın. Kavanozların kenarlarını nemli, temiz bir kağıt havluyla silin.

d) Kapakları ayarlayın ve işlemi yapın.

85.Mango Zencefilli Salsa

İÇİNDEKİLER:

- 6 bardak doğranmış olgunlaşmamış mango
- 2 çay kaşığı kıyılmış zencefil
- 1 1/2 su bardağı doğranmış kırmızı dolmalık biber
- 1/2 bardak sarı soğan, doğranmış
- 1/2 su bardağı su
- 1/4 bardak elma şarabı %5 sirke
- 1/2 çay kaşığı ezilmiş kırmızı biber gevreği
- 2 çay kaşığı Kıyılmış sarımsak
- 1 su bardağı esmer şeker

TALİMATLAR:

a) Malzemeleri Hollanda fırınında veya tencerede karıştırın.
b) Karıştırırken yüksek ateşte kaynatın.
c) 5 dakika kaynatın.
ç) Kavanozlara 1/2 inç boşluk bırakarak doldurun.
d) Hava kabarcıklarını serbest bırakın.
e) Kavanozları sıkıca kapatın, ardından su banyosunda 5 dakika ısıtın.

86.Turşu Lezzeti

İÇİNDEKİLER:
- 3 litre doğranmış salatalık
- 3 su bardağı doğranmış tatlı yeşil ve kırmızı biber
- 1 su bardağı doğranmış soğan
- 3/4 bardak konserve veya dekapaj tuzu
- 4 bardak buz
- 8 bardak su
- 2 su bardağı şeker
- 4 çay kaşığı hardal tohumu, zerdeçal, bütün yenibahar ve bütün karanfil
- 6 su bardağı beyaz sirke (%5)

TALİMATLAR:
a) Suya salatalık, biber, soğan, tuz ve buz ekleyin ve 4 saat bekletin. Sebzeleri boşaltın ve bir saat daha taze buzlu suyla yeniden örtün. Tekrar boşaltın.

b) Baharatları bir baharat veya tülbent torbasında birleştirin. Şeker ve sirkeye baharat ekleyin. Kaynamaya kadar ısıtın ve karışımı sebzelerin üzerine dökün.

c) Örtün ve 24 saat buzdolabında saklayın. Karışımı kaynayana kadar ısıtın ve sıcak kavanozlara 1/2-inç boşluk bırakarak ısıtın.

ç) Hava kabarcıklarını giderin ve gerekirse üst boşluğu ayarlayın. Kavanozların kenarlarını nemli, temiz bir kağıt havluyla silin.

d) Kapakları ayarlayın ve işlemi yapın.

87.Tomatillo ve Avokado Lezzeti

İÇİNDEKİLER:

- 6 -8 domates, kabuğu çıkarılmış ve yıkanmış
- 3 adet sert olgun avokado, doğranmış
- 1 – 2 jalapenos, çok küçük doğranmış
- 2 limonun suyu
- 2 çay kaşığı bal
- 1 arpacık soğanı, kıyılmış
- 1 diş sarımsak, kıyılmış
- 3 yeşil soğan, ince dilimlenmiş
- 1 küçük demet kişniş, doğranmış
- kaşer tuzu ve tatmak için taze çekilmiş karabiber

TALİMATLAR:

a) Domateslerinizin yarısını küp küp doğrayıp bir kaseye koyun. Doğranmış avokado, jalapenos, sarımsak, arpacık soğanı, yeşil soğan ve kişnişi ekleyin.

b) Domateslerinizin geri kalanını dörde bölün ve küçük bir mutfak robotuna veya blendere koyun. Misket limonu suyunu ve balı ekleyin ve tomatillolar küçük doğranana kadar birkaç kez çalıştırın.

c) Fazla püre yapmayın, biraz dokuyu korumak istersiniz. Karışımı doğranmış tomatillo ve avokado ile birlikte biraz tuz (1/2 çay kaşığı ile başlayın) ve karabiber ile birlikte ekleyin ve yavaşça iyice karıştırın.

ç) Baharat için tadın. Bu, yaklaşık 2 gün boyunca hava geçirmez bir kapta kalacaktır.

88.Biber-Soğan Turşusu

İÇİNDEKİLER:

- 6 su bardağı doğranmış soğan
- 3 su bardağı doğranmış tatlı kırmızı biber
- 3 su bardağı doğranmış yeşil biber
- 1-1/2 su bardağı şeker
- 6 bardak sirke (%5), tercihen beyaz damıtılmış
- 2 yemek kaşığı konserve veya salamura tuzu

TALİMATLAR:

a) Sebzeleri yıkayıp doğrayın. Tüm malzemeleri birleştirin ve karışım koyulaşıncaya ve hacim yarı yarıya azalıncaya kadar (yaklaşık 30 dakika) yavaşça kaynatın.
b) Sıcak steril kavanozları sıcak lezzetle doldurun, 1/2 inçlik üst boşluk bırakın ve sıkıca kapatın.
c) Buzdolabında saklayın ve bir ay içinde kullanın.

89.Turşu Mısır Lezzeti

İÇİNDEKİLER:
- 10 su bardağı taze bütün çekirdekli mısır
- 2-1/2 su bardağı doğranmış tatlı kırmızı biber
- 2-1/2 su bardağı doğranmış tatlı yeşil biber
- 2-1/2 su bardağı doğranmış kereviz
- 1-1/4 bardak doğranmış soğan
- 1-3/4 su bardağı şeker
- 5 su bardağı sirke (%5)
- 2-1/2 yemek kaşığı konserve veya turşu tuzu
- 2-1/2 çay kaşığı kereviz tohumu
- 2-1/2 yemek kaşığı kuru hardal
- 1-1/4 çay kaşığı zerdeçal

TALİMATLAR:
a) Mısır kulaklarını 5 dakika kaynatın. Soğuk suya batırın. Bütün çekirdekleri koçandan kesin veya altı adet 10 onsluk dondurulmuş mısır paketi kullanın.

b) Biber, kereviz, soğan, şeker, sirke, tuz ve kereviz tohumunu bir tencerede birleştirin.

c) Kaynatın ve ara sıra karıştırarak 5 dakika pişirin. Kaynatılmış karışımın 1/2 fincanında hardal ve zerdeçalı karıştırın. Bu karışımı ve mısırı sıcak karışıma ekleyin.

ç) 5 dakika daha pişirin. İstenirse karışımı unlu macunla (1/4 bardak lor, 1/4 bardak su ile harmanlanır) koyulaştırın ve sık sık karıştırın. Sıcak kavanozları sıcak karışımla doldurun ve 1/2 inçlik boşluk bırakın.

d) Hava kabarcıklarını giderin ve gerekirse üst boşluğu ayarlayın. Kavanozların kenarlarını nemli, temiz bir kağıt havluyla silin.

e) Kapakları ayarlayın ve işlemi yapın.

90.Baharatlı Jicama Lezzeti

İÇİNDEKİLER:

- 9 bardak doğranmış jicama
- 1 Yemek kaşığı bütün karışık dekapaj baharatı
- 1 iki inçlik çubuk tarçın
- 8 su bardağı beyaz sirke (%5)
- 4 su bardağı şeker
- 2 çay kaşığı ezilmiş kırmızı biber
- 4 su bardağı doğranmış sarı dolmalık biber
- 4-1/2 su bardağı doğranmış kırmızı dolmalık biber
- 4 su bardağı doğranmış soğan
- 2 adet taze parmak – acı biber (her biri yaklaşık 6 inç), doğranmış ve kısmen çekirdeği çıkarılmış

TALİMATLAR:

a) Dikkat: Acı biberleri tutarken veya keserken plastik veya lastik eldiven giyin ve yüzünüze dokunmayın. Jicama'yı yıkayın, soyun ve düzeltin; zar.

b) Temiz, çift katmanlı, 6 inç karelik %100 pamuklu tülbentin üzerine dekapaj baharatını ve tarçını yerleştirin.

c) Köşeleri bir araya getirin ve temiz bir iple bağlayın. (Veya satın alınan bir müslin baharat çantasını kullanın.)

ç) 4 litrelik Hollanda fırını veya sos tenceresinde, turşu baharat poşetini, sirkeyi, şekeri ve ezilmiş kırmızı biberi birleştirin. Şekeri eritmek için karıştırarak kaynama noktasına getirin. Doğranmış jicama'yı, tatlı biberleri, soğanı ve parmak ateşini karıştırın. Karışımı kaynama noktasına getirin.

d) Isıyı azaltın ve kapağı kapalı olarak orta-düşük ateşte yaklaşık 25 dakika pişirin. Baharat torbasını atın. Tadı sıcak bira bardağı kavanozlarına doldurun ve 1/2-inçlik boşluk bırakın. 1/2-inç boşluk bırakarak sıcak dekapaj sıvısıyla örtün.

e) Hava kabarcıklarını giderin ve gerekirse üst boşluğu ayarlayın. Kavanozların kenarlarını nemli, temiz bir kağıt havluyla silin.

f) Kapakları ayarlayın ve işlemi yapın.

91.Yeşil Domates Turşusu

İÇİNDEKİLER:
- 1 1/2 lb. kırmızı biberler yıkanıp doğranmış
- 2 lbs. soğanlar yıkanıp doğranmış
- 1/2 su bardağı turşu tuzu
- 10 lbs. yeşil domatesler yıkanıp doğranmış
- 1 litre su
- 4 su bardağı şeker
- 1 1/2 lb. yeşil biberler yıkanıp doğranmış
- 1 litre %5 sirke
- 1/3 su bardağı ev yapımı sarı hardal
- 2 Yemek kaşığı mısır nişastası

TALİMATLAR:
a) Tuzu eritin ve sebzelerin üzerine dökün .
b) Kaynatın ve 5 dakika pişirin.
c) Bir kevgir içinde boşaltın. Sebzeleri su ısıtıcısına geri koyun.
ç) Şeker, sirke, hardal ve mısır nişastasını ekleyin. Karıştırmak için karıştırın.
d) Buharlı bir kaynamaya getirin ve 5 dakika pişirin.
e) Sıcak steril bira bardağı kavanozlarını sıcak lezzetle doldurun ve 1/2 inçlik alan bırakın .
f) Hava kabarcıklarını serbest bırakın.
g) Kavanozları sıkıca kapatın, ardından su banyosunda 5 dakika ısıtın.

92.Biber-Soğan Turşusu

İÇİNDEKİLER:
- 6 su bardağı doğranmış soğan
- 3 su bardağı doğranmış yeşil biber
- 1 1/2 su bardağı şeker
- 3 su bardağı doğranmış tatlı kırmızı biber
- 6 bardak %5 sirke, tercihen beyaz damıtılmış
- 2 yemek kaşığı dekapaj tuzu

TALİMATLAR:
a) Tüm malzemeleri birleştirin ve karışım koyulaşana kadar yaklaşık 30 dakika kaynatın.
b) doldurun, 1/2 inçlik boşluk bırakın ve sıkıca kapatın.

93. Baharatlı Şeftali Elma Salsa

İÇİNDEKİLER:

- 6 su bardağı doğranmış Roma domatesi, yıkanmış ve soyulmuş
- 2 1/2 su bardağı doğranmış sarı soğan
- 10 su bardağı doğranmış sert, olgunlaşmamış şeftali
- 2 su bardağı doğranmış Granny Smith elması, çekirdeği çıkarılmış
- 4 yemek kaşığı karışık turşu baharatı
- 2 1/4 bardak elma şarabı %5 sirke
- 1 Yemek kaşığı konserve tuzu
- 2 çay kaşığı ezilmiş kırmızı biber gevreği
- 3 3/4 su bardağı esmer şeker
- 2 su bardağı doğranmış yeşil biber

TALİMATLAR:

a) Asitleme baharatını çift katmanlı bir tabağa yerleştirin tülbent. Köşeleri bir araya getirin ve bağlayın.
b) fırınında veya sos tenceresinde birleştirin.
c) Daldırma şeftalileri askorbik asit çözeltisinde 10 dakika bekletin.
ç) Elmaları 10 dakika boyunca askorbik asit çözeltisine batırın.
d) Doğranmış şeftalileri ve elmaları sebzelerle birlikte sos tenceresine ekleyin.
e) Baharat torbasını, tuzu, pul biberi, esmer şekeri ve sirkeyi ekleyin.
f) Ara sıra hareket ederek 30 dakika pişirin.
g) Baharat torbasını çıkarın ve atın.
ğ) Salsa katılarını yarım litrelik sıcak kavanozlara 1/4-inç boşluk bırakarak doldurun.
h) boşluk bırakarak pişirme sıvısıyla örtün.
ı) Hava kabarcıklarını serbest bırakın.
i) Kavanozları sıkıca kapatın, ardından su banyosunda 5 dakika ısıtın.

94.Baharatlı Tarçınlı Jicama Lezzeti

İÇİNDEKİLER:
- 9 bardak doğranmış jicama
- 1 iki inçlik tarçın çubuğu
- 4 su bardağı doğranmış soğan
- 4 su bardağı şeker
- 2 çay kaşığı ezilmiş kırmızı biber
- 4 su bardağı doğranmış sarı dolmalık biber
- 8 bardak %5 beyaz sirke
- 1 Yemek kaşığı bütün karışık dekapaj baharatı
- 4 1/2 bardak doğranmış kırmızı dolmalık biber
- 2 taze parmak acı biber, doğranmış ve kısmen çekirdeği çıkarılmış

TALİMATLAR:
a) Çift kat tülbentin üzerine turşu baharatını ve tarçını koyun.
b) Katlayın ve bir ip ile bağlayın.
c) Hollandalı bir fırında, turşu baharat poşetini, sirkeyi, şekeri ve kırmızı biberi birleştirin.
ç) Şekeri eritmek için karıştırarak kaynatın.
d) Jicama, biber, soğan ve parmağınızı karıştırın ateşli. Karışımı kaynama noktasına getirin.
e) Kapağı kapalı olarak kısık ateşte yaklaşık 25 dakika pişirin. Baharat torbasını atın.
f) boşluk bırakarak sıcak bira bardağı kavanozlarına doldurun.
g) boşluk bırakarak sıcak dekapaj sıvısıyla örtün.
ğ) Hava kabarcıklarını serbest bırakın.
h) Kavanozları sıkıca kapatın, ardından su banyosunda 5 dakika ısıtın.

95. Kızılcık Portakal Turşusu

İÇİNDEKİLER:

- 24 ons bütün kızılcık, durulanmış
- 2 su bardağı beyaz soğan, doğranmış
- 4 çay kaşığı zencefil, soyulmuş, rendelenmiş
- 2 su bardağı altın kuru üzüm
- 1 1/2 su bardağı beyaz şeker
- 2 bardak %5 beyaz damıtılmış sirke
- 1 1/2 su bardağı kahverengi şeker
- 1 su bardağı portakal suyu
- 3 çubuk tarçın

TALİMATLAR:

a) Tüm malzemeleri birleştirin Hollandalı bir fırın kullanarak. Yüksek ateşte kaynatın; 15 dakika kaynatın.
b) Tarçın çubuklarını çıkarın ve atın.
c) Kavanozlara 1/2 inç boşluk bırakarak doldurun.
ç) Hava kabarcıklarını serbest bırakın.
d) Kavanozları sıkıca kapatın, ardından su banyosunda 5 dakika ısıtın.

96. Mango Chutney

İÇİNDEKİLER:
- 11 su bardağı doğranmış olgunlaşmamış mango
- 2 1/2 yemek kaşığı rendelenmiş taze zencefil
- 4 1/2 su bardağı şeker
- 1 çay kaşığı konserve tuzu
- 1 1/2 yemek kaşığı doğranmış taze sarımsak
- 3 bardak %5 beyaz damıtılmış sirke
- 2 1/2 bardak sarı soğan, doğranmış
- 2 1/2 bardak altın kuru üzüm
- 4 çay kaşığı biber tozu r

TALİMATLAR:
a) Şeker ve sirkeyi bir kapta birleştirin depo. 5 dakika getirin. Diğer tüm Malzemeleri ekleyin .
b) Ara sıra hareket ederek 25 dakika pişirin .
c) Karışımı kavanozlara doldurun ve 1/2 inçlik boşluk bırakın . Hava kabarcıklarını serbest bırakın.
ç) Kavanozları sıkıca kapatın, ardından su banyosunda 5 dakika ısıtın.

97.Zencefilli Kızılcık Portakal Lezzeti

İÇİNDEKİLER:

- 2 su bardağı taze kızılcık
- 1 portakalın kabuğu rendesi ve suyu
- 1/2 su bardağı esmer şeker
- 1 yemek kaşığı taze zencefil, rendelenmiş
- 1/4 çay kaşığı tarçın
- Bir tutam tuz

TALİMATLAR:

a) Bir mutfak robotunda taze kızılcıkları kabaca doğranana kadar çekin.
b) Kıyılmış kızılcıkları bir kaseye aktarın ve portakal kabuğu rendesini, portakal suyunu, esmer şekeri, rendelenmiş zencefili, tarçını ve bir tutam tuzu ekleyin. İyice karıştırın.
c) Lezzetlerin birbirine karışmasını sağlamak için lezzetin en az 30 dakika bekletin.
ç) Kızılcık portakal lezzetini temiz kavanozlara aktarın, kapatın ve soğutun.
d) Bu keskin ve tatlı lezzet, kümes hayvanı yemekleriyle veya tatil yemeklerine şenlikli bir eşlik olarak iyi uyum sağlar.

98.İncir Turşusu ve Kırmızı Soğan Chutney

İÇİNDEKİLER:

- 2 su bardağı taze incir, dörde bölünmüş
- 1 büyük kırmızı soğan, ince dilimlenmiş
- 1 su bardağı kırmızı şarap sirkesi
- 1/2 bardak bal
- 1 çay kaşığı hardal tohumu
- 1/2 çay kaşığı karabiber
- Bir tutam tuz

TALİMATLAR:

a) Bir tencerede dörde bölünmüş incir, ince dilimlenmiş kırmızı soğan, kırmızı şarap sirkesi, bal, hardal tohumu, karabiber ve bir tutam tuzu birleştirin.

b) Karışımı kaynama noktasına getirin ve incirler ve soğanlar yumuşayana kadar pişirin.

c) Hint turşusunu temiz kavanozlara aktarmadan önce soğumasını bekleyin. Mühürleyin ve soğutun.

99.Közlenmiş Kırmızı Biber ve Ceviz Lezzeti

İÇİNDEKİLER:

- 2 büyük kırmızı biber, kavrulmuş, soyulmuş ve doğranmış
- 1/2 bardak ceviz, kızartılmış ve doğranmış
- 2 diş sarımsak, kıyılmış
- 2 yemek kaşığı kırmızı şarap sirkesi
- 2 yemek kaşığı zeytinyağı
- 1 çay kaşığı füme kırmızı biber
- Tatmak için tuz ve karabiber

TALİMATLAR:

a) Bir kapta kavrulmuş ve doğranmış kırmızı biber, kavrulmuş ve doğranmış ceviz, kıyılmış sarımsak, kırmızı şarap sirkesi, zeytinyağı, füme kırmızı biber, tuz ve karabiberi birleştirin.
b) Malzemeleri iyice birleşene kadar iyice karıştırın.
c) Tadı arttırmak için lezzetin en az 30 dakika beklemesine izin verin.
ç) Kavrulmuş kırmızı biber ve ceviz lezzetini temiz kavanozlara aktarın, kapatın ve soğutun.
d) Bu lezzet çok yönlü bir eşliktir; sandviçlerin üzerine sürmek veya ızgara sebzelerin yanında servis etmek için harikadır.

100. Ananas Nane Chutney

İÇİNDEKİLER:

- 2 su bardağı taze ananas, doğranmış
- 1/2 bardak kırmızı soğan, ince doğranmış
- 1/4 bardak taze nane yaprağı, doğranmış
- 1 jalapeno biberi, ince doğranmış
- 2 yemek kaşığı limon suyu
- 2 yemek kaşığı bal
- Bir tutam tuz

TALİMATLAR:

a) Bir kasede doğranmış taze ananas, ince doğranmış kırmızı soğan, doğranmış taze nane yaprakları, ince doğranmış jalapeno biberi, limon suyu, bal ve bir tutam tuzu birleştirin.

b) Tatların eşit dağılımını sağlamak için malzemeleri iyice karıştırın.

c) Servis yapmadan önce, turşuyu en az 1 saat buzdolabında soğumaya bırakın.

ç) Bu ananaslı nane turşusunu ızgara tavuk, balık veya tacosların üzerine serinletici bir garnitür olarak servis edin.

ÇÖZÜM

Leziz yolculuğumuzu "Tuzlanabilen, kızartılabilen ve yenebilen turşular için 100 tarif" ile tamamlarken, sıradan malzemeleri sıra dışı turşu lezzetlerine dönüştürmenin keyfini keşfettiğinizi umuyoruz. Bu sayfalardaki her tarif, turşunun masaya getirdiği yaratıcılığın, çok yönlülüğün ve lezzetin bir kanıtıdır.

İster klasik dereotu turşusunun çıtırlığını tatmış olun, ister salamura meyvelerin tatlı ve keskin notalarından keyif almış olun, ister kızarmış turşuların çıtır çıtır lezzetinden keyif almış olun, bu 100 tarifin mutfak hayal gücünüzü harekete geçirdiğine inanıyoruz. Kavanozların ve salamuraların ötesinde, turşu sanatı bir ilham kaynağı haline gelsin, yemeklerinize lezzet ve heyecan katsın.

Turşu dünyasını keşfetmeye devam ederken, yeni lezzet kombinasyonları, yaratıcı teknikler ve günlük malzemeleri turşu mükemmelliğine dönüştürmenin sonsuz olasılıkları konusunda size rehberlik eden "Turşu" güvenilir arkadaşınız olsun. İşte enfes çıtır çıtırlar, cesur tatlar ve dekapajın sonsuz keyfi; keskin iyiliklerle dolu bir dünyaya şerefe!

www.ingramcontent.com/pod-product-compliance
Lightning Source LLC
Chambersburg PA
CBHW071858110526
44591CB00011B/1465